ubook ubk Publishing House

DIREÇÃO DE CONTEÚDO	Cris Albuquerque
EDIÇÃO	Vinícius Nascimento
REVISÃO	Cristina Barcia
ORGANIZAÇÃO	Kika Seixas e Tárik de Souza
PROJETO GRÁFICO	Theah Editora e Produtora
DIAGRAMAÇÃO	Claudio Albuquerque
CAPA	Theah Editora e Produtora
IMAGENS DE CAPA	Mário Luiz Thompson (Raul) Arquivo pessoal (baú)

Dados Internacionais de Catalogação na Publicação (CIP)
(Câmara Brasileira do Livro, SP, Brasil)

Seixas, Raul, 1945 – 1989
O baú do Raul / Raul Seixas ; seleção de textos Kika Seixas ; organização Tárik de Souza e Kika Seixas. -- Rio de Janeiro ; Ubook Editora, 2025.

ISBN 978-65-278-0027-9

1. Cantores - Brasil - Biografia 2. Música brasileira 3. Seixas, Raul, 1945-1989 I. Seixas, Kika. II. Souza, Tárik de. III. Título.

25-291472 CDD-782.0092

Ubook Editora S.A
Av. das Américas, 500, Bloco 22, Sala 241,
Barra da Tijuca, Rio de Janeiro/RJ.
Cep.: 22.640-100
Tel.: (21) 3570-8150

Organização:
Kika Seixas
Tárik de Souza

O BAÚ DO RAUL

ubook UBK Publishing House

Agradecemos ao MIS -
Museu da Imagem e do Som
de São Paulo, pela gentil
cessão das imagens dos textos
que compõem esta obra.

APRESENTAÇÃO

Largo. Raso. Profundo. Com ele, o iê--iê-iè deixou de ser romântico para tornar-se realista, numa definição de próprio punho. Por um caminho desobediente à genealogia evolutiva da MPB ("a única linha que eu conheço é a de empinar uma bandeira"), o baiano Raul Seixas provou que era possível filosofar em *rokenrrol* . Brasileiro. E acabou gerando epígonos como o seu último parceiro, Marcelo Nova, do Camisa de Vênus. Carteirinha número 9 do Elvis Rock Club, de Salvador, Raulzito recusou o megaestrelato, condutor do seu ídolo ao excesso de gordura e aos letreiros bovinos de Las Vegas. Foi até o fim aquela metamorfose ambulante autobiografada na música que lhe serviu de slogan e manifesto.

As aparências enganam sempre no baile de contradições deste maluco beleza. Ele soltou seus cachorros-urubus (num inglês audaz de rimar Shakespeare com agonia) na luta contra os EUA. Mas expulso do país, em 74, "com ordem de prisão do 1º Exército, acusado de subversão contra a ditadura Geisel", foi dar com os costados em Nova York.

"Sou apenas uma mistura de todas as informações que recebi com o coração assustado, hoje fumando maconha, amanhã apareço chupando pirulito", diagnosticou. Na linhagem Presley ("em fusão natural com o baião de Luiz Gonzaga"), ele saiu-se mais para Elvis Costello que Tortelvis. Injetou Bob Dylan no iê-iê-iê do Jerry Adriani. Fez o jogo dos ratos sem comer as migalhas da ratoeira do showbizz.

Este *Baú do Raul* invade o camarim do astro, remexe nas gavetas de seu cérebro inquieto, fuça suas neuroses e aquilata seus medos. Toma o pulso do ídolo em perene corpo-a-corpo com a idolatria. "Pagam para me ouvir, pagam para um Deus, uma muleta, já que buscam uma coisa sem saber o que é", questiona a certa altura do diário que o acompanhou a vida inteira.

O *Baú do Raul* é produto da garimpagem meticulosa da guardiã do tesouro, Kika Seixas, ex-esposa e eventual parceira. Foi seccionado por assuntos interligados num enredo recorrente, em conexão íntima com a obra musical do autor e seus vários parceiros, ao longo de uma trajetória de quase duas décadas assaltadas por cumes e abismos que ele se recusou a varrer para debaixo do tapete. Aí está, saindo do baú, o Raul Santos Seixas, cru e nu, como veio ao mundo. A mãe o queria presidente da República e aos 14 anos ele foi ao psiquiatra pela primeira vez.

"Somos prisioneiros da vida e temos que suportá-la até que o último viaduto nos invada pela boca adentro e viaje eternamente em nossos corpos", sentenciou numa carta ao irmão mais novo. O mesmo que, com a mão firme, iria desviar pelo ralo da pia de um restaurante um copo de vodca quase contrabandeada para o fígado debilitado de seu antigo guia e professor.

"Minha existência caminha muitos anos à frente do meu corpo", autopsiou Raul. "E é justamente o meu corpo frágil, magro, esquálido e desprovido de reservas de energia que tem que suportar as demandas da mente atribulada, terrivelmente neurotizada pela civilização", constatou.

Mas foi em frente, achando que para preencher a existência "é necessário seguir e acreditar em alguma coisa que possa acalmar o absurdo da vida".

Pregou uma nova utopia descolada das tábuas da lei do inglês Alester Crowley, "um inimigo público" do começo do século, que semearia as bases da Declaração dos Direitos Humanos e a Sociedade Alternativa pós-Beatles, uma aposta na realidade do sonho que se sonha junto. Foi o desrespeito anárquico a qualquer *otoridade* o móvel de seu crime político de mito caboclo erigido sob regime militar. "Atrás das grades dos valores, o medo é o grande guarda-chefe, relógio na mão, que horas já são?", como inquire um poema do diário.

Este confesso "materialista dialético" por vezes acredita em Deus ("o universo me espanta e não posso imaginar que este relógio exista e não tenha um relojoeiro") e cutuca o Monstro Sist com vara curta. É o magro abusado, Quixote contra os moinhos da ventania: "Ninguém é igual; cada homem e cada mulher é uma estrela girando em sua própria órbita". Ou ainda: "Sua vida, seu único bem, só pertence a você. Faça dela o que quiser".

Mas o criador também questiona a criatura Raul Seixas. "Eu não trago respostas. Canto minha saída, mostrando que, se eu saio, todos podem sair pelas próprias portas." Antes mesmo da posterior (de)ge(ne)ração de mauricinhos, Raul previu que o rock perderia a cara de bandido: "Mamãe já ouve Beatles/ papai já deslumbrou com meu cabelo grande/ eu fiquei contra o que já sou".

Em curtos contos desvelados neste baú, ele inclusive arquiteta novos personagens (ou planeja dirigir cinema em Hollywood) para melhor driblar o estereótipo. Também oferece uma antena para melhor captar a paranoia dos tempos: "Óculos escuros guardam meus olhos seguros que os ladrões querem roubar, pensando tolamente que olhando com meus olhos vão ver o mesmo que eu". Raul ("meu nome tem o som de um rugido no início e um uivo no final") inventou a antilobotomia preventiva.

Várias vezes confessa ter perdido o controle. Dos cheques, da vida familiar, das contas dos bares, da própria persona artística. Quase foi justiçado pelos adoradores do ícone num show catástrofe no interior de São Paulo. Embriagado, não conseguia lembrar as letras, cantar as palavras proféticas esperadas pela multidão enfurecida, que queria linchá-lo como uma imitação de si mesmo. Chamada para protegê-lo, a polícia o prendeu e espancou como impostor. Fim da linha? Não. "De quinze em quinze minutos eu costumo escovar os dentes com pasta sabor hortelã, pra eu sentir sempre que tudo está começando de novo." E dizer agora o contrário do que disse antes.

Um moleque maravilhoso como esse "nunca comete pequenos erros enquanto pode causar terremotos", como diz a canção. Encara a obra de arte como as vísceras: "Meu peito está inchando, é a criação que pede passagem, meu vômito". Ra-ul. Na pele infantil do carimbador maluco ou sob a capa senil de quem nasceu há 10 mil anos atrás e conhecia o início, o fim e o meio, ele pôs todas as fichas na experimentação ilimitada. "Quero a certeza dos loucos que brilham. Pois se o louco persistir na sua loucura, acabará sábio."

O molejo dos avessos, a cultura da dúvida, forneceram o curinga deste *baú Seixas*. Alguém que imaginou um romance astral com o mal, de braços e abraços com o bem, não poderia algemar-se a uma trajetória artística previsível.

Raul antecipou o discurso palavroso no rap na cascata poética de Ouro de Tolo, encerrada surpreendentemente sob a sombra sonora de um disco voador. Ele, que desde os 11 anos "já duvidava da verdade absoluta" (como canta em As Aventuras de Raul Seixas na Cidade de Thor, num jogo de capoeira digno de um Gregório de Matos Guerra ressuscitado), descobriu logo no rock "o melhor ritmo pra gente dizer uma porção de coisas". Mas não ficou na adoração masturbatória dos três acordes que mudaram a juventude do mundo.

Das ambições, guardou apenas o essencial: "Tudo o que eu quero da vida é descobrir o segredo dela". E nos acidentes do percurso inconformista deste diário de bardo investigou suas relações com as mulheres, o meio artístico, a militância política e a questão metafísica. "A vida, esse direito de estar no mundo", decidiu. "Ter dois pés e mãos, uma cara e a fome de tudo… a esperança." Dá-lhe, Raul! *Tá* rebocado, meu compadre.

Tárik de Souza

CIRCO VOADOR
apresenta
"O BAÚ DO RAUL"
CELSO BLUES BOY
METAMORPHOSE AMBULANTE
RICK FERREIRA
dias
21 e 22
AGOSTO
(SEXTA E SÁBADO)
22h.
LANÇAMENTO DE DISCO, LIVRO E VÍDEO INÉDITOS
Part. especiais de:
ERASMO CARLOS ROBERTO FREJAT
TONINHO BUDA COMANDO NEGRI
apoio:
PETROBRAS
JORNAL DO BRASIL
PolyGram
SAPASSO

10

Há 37 anos que esse Velho baú me acompanha onde quer que eu vá.
Desde garoto eu tinha essa ideia fixa de deixar escrito tudo que eu vivenciava.
Escrevendo e guardando Eu sentia que eu estava marcando as minhas pegadas na vida.
Achando que já tinha chegado o momento de ultilizar o que fiz
Transformei tudo que tinha no baú em um livro.
Não buli em nada, bater a maquina acabaria a magicá da caligrafia original
Então eu fotografei com carinho papel por papel a coleção de momentos da minha vida.

PRÉ-FÁCIL

Há 37 anos que esse velho baú me acompanha aonde quer que eu vá. É enorme e pesado. Tenho minha vida toda escrita e jogada nesse baú. Desde garoto eu tinha essa ideia fixa de deixar escrito tudo o que eu vivenciava. Escrevendo e guardando, eu sentia que estava marcando as minhas pegadas pela vida… Achando que já tinha chegado o momento de utilizar o que fiz, transformei tudo o que tinha no baú em um livro. Nada poderia ser esquecido.

Raul Seixas.

Foto: Juan Luiz Guerra

A Simone, Scarlett e Vivian do seu incorrigível papai.

P.S.: Minhas filhas, seu
pai ama todas vocês.

"Ao chegar do interior,
inocente, puro e besta,
fui morar em Ipanema,
ver teatro e ver cinema
era a minha distração."

Sessão das Dez
(Raul Seixas - 1971)

Sou tão baiano como Cae e Gil, adoro a Bahia etc., mas não vim com o Tropicalismo. Apesar de adorar e admirar aquele trabalho tão importante eu sempre estive no rock, desde 1957. Elvis. Tenho tudo dele. Os primeiros discos que comprei, em 1956. Uma carta do empresário dele para mim. Era "macaco" do Elvis. Na Bahia..

Eu sempre quis ser cantor, de rock. Foi a única música que me influenciou. Antes disso minha inclinação era a literatura. Estudava muito filosofia, literatura, e não tinha tempo para cantar profissionalmente; nunca havia pensado que a música poderia ser um veículo importantíssimo para dizer o que eu queria. Quando tomei consciência disso foi ótimo. Gosto de falar de mim. Sou individualista.

O rock é o melhor ritmo *pra* gente dizer uma porção de coisas.

Daí eu juntei Luiz Gonzaga e Elvis. Eu não fiz um ritmo "Rock-baião". Isso foi informação musical. Aconteceu.

Em 1957 eu já cantava no rádio junto com Waldir Serrão.

O som de *Let me Sing* é de 1956; apesar de parecer uma gozação eu acho esta música *seriíssima*. É apenas o início de um trabalho muito grande que eu pretendo desenvolver degrau por degrau.

Não tenho estilo, eu tenho é muita coisa para dizer. E digo.

Eu creio na abertura mental que vem por aí. Até então as portas estavam fechadas. Devagar elas vão se abrindo e nunca mais, nunca mais se fecharão. Esse será o grande dia!

O princípio da aventura fantástica!

Temperamento: nervoso, irritado, sensível.

Hobby: colecionar discos antigos.

Prazeres: cinema e leitura (leio muito).

Atividades anteriores: professor de inglês, estudante de direito, cantor e líder de conjunto.

Hoje: produtor de discos, cantor e compositor, escrevo p/ a revista 2001.

Personalidade: impossível de definir com palavras. Sou um monte de coisas, partículas que juntas formam RAUL SEIXAS. Mas onde realmente estou?? No hipocondríaco? No compositor popular? No estudioso? No poeta surrealista? No dadaísta? No niilista, no espiritualista ou no materialista?? No esteta ou no cantor de rock? No agnóstico?

Sei lá, é difícil dizer assim.....

Religião: "Deus é o que me falta para compreender o que eu não compreendo".

Literatura: surrealismo.

Pintura: Dalí.

Música: as que me agradam. Acho o rock melhor para dizer o que eu sinto.

Hippies: inércia. *Gimme Shelter.*

Desejo: ser eterno.

Política: não acredito em verdades absolutas.

Maravilha: a máquina / o universo.

Cor: não importa.

A Palavra: causadora de tantos males.

Do que você gosta? Não sei; é mais fácil dizer do que eu não gosto.

Você escova os dentes todos os dias? Sim.

Quantas vezes? Três.

Qual a pasta que você usa? Uma porção delas.

Que que você mais gosta na TV? A ideia do invento. É incrível a gente ver as pessoas dentro da tela, sabe? Até hoje eu me entusiasmo com isso.

Que acha sobre o certo e o errado? Essa foi a melhor pergunta até agora, mas eu não sei nada sobre este assunto.

Diga uma palavra que você tem birra. Birra.

A vida: um jogo.

Livro do momento: O Despertar dos Mágicos.

Artista brasileiro: Edy Cooper. (O cara é fantástico.)

Artista estrangeiro: Lennon, Zappa, Dylan, Presley (nos anos 50).

Atores: Peter Lorre, Perkins, Deneuve...

Adágio na sua parede: "Que o mel é doce é coisa que me nego a afirmar, mas que parece doce, afirmo plenamente".

Desejo: publicar meus escritos.

Outro: pegar um disco voador e ir embora.

E enquanto o disco não vem?? Eu continuo a fazer careta no espelho.

O que que você prega? Pregos (muito mal).

Ótimo, já pode deixar o pano cair.

Fantástico! Agora vocês já podem tirar a máscara.

1972

ENTREVISTA PARA ARMANDO PITTIGLIANI

Eu, Raul Santos Seixas, nascido a 28 de junho de 1945 em Salvador, Bahia.

Em 1957, influenciado pela subcultura do rock, formei o primeiro conjunto com aparelhos elétricos em Salvador. Transei na Bahia durante dez anos me apresentando em clubes, boates, televisão, rádio e viajando pelo interior com meu grupo. Junto a isso tentava conciliar meus estudos de direito, psicologia e filosofia com a música e, como isso foi ficando impossível, optei pela última e em 1967 vim para o Rio. Transei meu primeiro disco, não deu pé. Voltei para Salvador em 68. Passei dois anos na Bahia estudando em casa, *pra* mim mesmo. Em 1970 fui convidado pelo diretor da CBS, o qual conheci na Bahia, para ser diretor artístico dessa gravadora. Aí conheci Sérgio Sampaio, e com ele mais Edie Cooper e Miriam Batucada fizemos um LP chamado Sociedade da *Grã-Ordem Kavernista*, um disco muito interessante.

Nunca liguei muito em participar de festivais até esse ano,

quando resolvi, depois de muito tempo de experiência, colocar duas músicas no Festival — *Let me Sing*, com Nadine Wisner, e *Eu Sou Eu Nicuri É o Diabo* —, e ambas foram classificadas.

Gravei essas músicas no dia 9 de agosto de 1972 nos estúdios da Philips. Pronto! Não quero entrar em detalhes.

1972

Elvis
RCA

INVENTÁRIO

Nasci em 1945, no final da guerra, portanto minha juventude necessariamente foi uma juventude pós-guerra. Comecei a usar cabelo de James Dean, blusão de couro e a beber cuba-libre, o que espantava meus pais burgueses de classe média: "Um menino que teve tudo, nasceu em berço de ouro, mimado, por que age assim?", meus pais se indagavam.

Minha mãe queria que eu fosse presidente da República. Meu pai era chefe de Telecomunicações da Viação Férrea Federal da Bahia. Além disso ele sempre foi uma sombra em minha vida. Na realidade, hoje é que ele está sentindo necessidade de se chegar; eu e meu único irmão o estamos acatando.

Casei quatro vezes e morei um ano e meio com a carioca Tânia, com a qual não tive filhos. Foi minha terceira mulher.

Anos 50: nossa família com meu pai saímos viajando por todo o interior da Bahia inspecionando estações de trem. Ouvia muito Luiz Gonzaga e os repentistas da estrada de ferro. Meu irmão e eu tomávamos cachaça escondido junto com os matutos do norte.

Na cidade em Salvador papai ouvia o *Repórter Esso*, mamãe colecionava a revista *O Cruzeiro*, e ficou muito deprimida quando Marta Rocha perdeu por duas polegadas a mais!!! Eu metido em brigas de turma nos bairros: lambreta e conduíte.

Naquela época a Bahia estava infestada de americanos que trabalhavam para a Petrobrás. Em 54 surge nos Estados Unidos Elvis e o Rock'n'Roll caipira, além do blues dos negros do sul. Os filhos dos gringos me apresentavam esse novo fenômeno através de discos e revistas. Quando a gente se encontrava na rua o papo era: "E aí, tudo bem, tem disco novo?" Aprendi blues e rock antes destas músicas terem chegado ao Brasil. Além disso aprendi inglês fluentemente.

Troquei minha lambreta por dois velhos pares de violão e um contrabaixo de pau. Baixo acústico.

Perdi a segunda série do ginásio por cinco anos para comparecer aos programas de rádio e ao Elvis Rock Club, onde se bebia e dublava os artistas americanos; eu era o único que cantava e tocava ao vivo.

Vila Serena, 13/9/1987

✌ Li a Bíblia várias vezes
✌ Aprendi latim para ler *Metamorfoses* de Ovidio no original
✌ Bebi muito, hoje já não posso
✌ Repentinamente comecei a acreditar no meu país
✌ Tupi-guarani
✌ Radical
✌ Pai e educador. Campônio do amor
✌ Não creio em livre-arbítrio
✌ Detesto "bossa nova"… *lai-á-á-lai-á-á*
✌ Mariozinho Rocha e Miguel dos Feveres: dois filhas da puta
✌ Kafka
✌ Kika e uma vida novíssima
✌ Filme preto-e-branco
✌ Nunca tomei um ácido
✌ Meus ídolos: Professor Pardal, Elvis, Nero e passarinho caga-sebo
✌ Não durmo fácil; passo a noite acordado quando Vivi, minha filha, está tossindo
✌ Respeito cego pelo ser humano
✌ Amo a mulher
✌ Não sou chegado a brincadeiras… *seriíssimo*
✌ Cheio de preconceitos, mágoas e caretices
✌ Embora seja ótimo o palco, prefiro o trabalho de cientista Silvana Jr. cheio de tubos de ensaio no laboratório
✌ A "politicagem com tendências paleolíticas inferiores" não adiciona nada na minha meta como ser humano
✌ Meu polegar carimbando a História
✌ O brasileiro não faz História; ele é um espectador da História

✌ Tenho muita vontade de atuar, gostaria de fazer um filme este ano
✌ O selo Eldorado me salvou
✌ Li Sartre, Capitão Marvel, filmes da Pel-Mex, Schopenhauer, Augusto dos Anjos, Durango Kid e História Geral de Edgar Burns
✌ Fui interno em convento de padre
✌ Com catorze anos fui ao psiquiatra pela primeira vez
✌ Expulso do Brasil em 1974, fui para Nova York
✌ Pertenci a sociedades esotéricas
✌ Três filhas, três mulheres
✌ Psicologia, Filosofia, míope e *du* Rock!!!
✌ Sou escritor por excelência, ator por desejo e compositor por raiva
✌ Materialista dialético, por vezes acredito em Deus

1983

“Vivo a viver a vida no
segundo e no instante
prefiro ser essa
metamorfose ambulante
do que ter aquela velha
opinião formada sobre tudo.”

Metamorfose Ambulante
(Raul Seixas - 1973)

(Fic)

Roupa: A música era rock e então eu me vesti como 22
vestiam o pessoal do rock. e também

METAMORFOSE AMBULANTE

Se no Fic, eu vou com essa roupa de couro é porque é bonita e eu me sinto bem com ela.
Esse negócio de dizer que eu sigo uma linha, rótulo, nada disso eu canto o que eu sinto. Aproveito os ritmos que eu acho que se encaixa melhor com o que eu sinto pra dizer e digo.
Não tenho estilo, eu tenho muita coisa pra dizer. E digo.
Não sou uma coisa. Sou fruto do que o mundo me fez, Eu digo: Eu sou milhões de partículas de coisas diversas. Sou antagonismo em pessoa. Se hoje eu te odeio amanhã lhe tenho amor.... isso....isso....

Teddy Boy Rock e Brilhantina – Um rock'n Roll onde eu mostro aos contestadores do sistema que êles são promovidos, movidos e manejados pelo próprio sistema que dizem combater. (problema deles) Eu quero conforto se estou aqui, se tem o conforto que quero, é o mínimo que eu posso pedir. Um mundo lugar pra minha [illegible] pertinho da praia (Bahia) com piscina e cachorros pra não deixar ninguém me perturbar.

Let me sing, Let me sing – Apesar de parecer uma gozação é uma que eu acho seríssima. É muito atual. É apenas o início de um trabalho muito grande que eu pretendo fazer depois por alguém. →

: Literatura
1 em geral

HANDCAP →

2 Realismo fantástico
3 Ficção Científica
4 Metafísica
5 Filosofia
6 Arqueologia
7 Cibernética
8 Teologia

9 Exobiologia
10 arte
11 Surrealismo
12 boletins?
13 principalmente
indefinições!!!

TRABALHO

Cada vez que eu passo por um dia aqui, ali, catando, olhando, pensando, eu vou adquirindo um novo conceito das coisas que me cercam. Acho que parei num lugar; parece que meus conceitos próprios chegaram. Dúvidas de mim já não tenho. Sei dos caminhos e de como eles são. O dia a dia fez de mim um homem mais calmo, mais sereno, menos desvairado. Nós (você, eu, Sérgio e Walter) somos velhos e estamos caminhando para nascer, e enquanto não nascemos "levamos nosso cão raivoso" para passear. Amizades mais calmas, mais escolhidas (achei boa companhia), bom papo, cervejas em botecos longe da fumaça e da poluição, pois esta cidade não para!! Eu preciso dar um descanso à máquina. Já não há escapatória para a nossa civilização. Somos prisioneiros da vida e temos que suportá-la até que o último viaduto nos invada pela boca adentro e viaje eternamente em nossos corpos.

Há dias calmos aqui também. Manhãs que passam manhosas por entre os móveis e os automóveis e a gente vai percebendo, aos poucos, que o capim do parque ainda é verde. A gente enche os pulmões, pega um tema e sai assoviando.

Só ando de ônibus. Cheguei à conclusão que eu me aborreço 99% menos. Ônibus não é tão mau quanto eu pintava.

Em cada carta eu lhe falo um pouco sobre esse movimento "Cavernismo", que é um movimento de tendências universalistas.

(Carta inacabada ao irmão Plínio Seixas.)
1970

UMA COISA

Eu já estou cansado de descobrir as coisas e meus vinte e quatro anos representam a própria eternidade diante da vida. A fossa existencial é uma constante, e não há alternativa de fuga, pois os momentos são momentos e a felicidade — já está claro — não existe em tempo eterno!! "Há um tempo para o peixe e um tempo para o pássaro", já disse o poeta baseado em dizeres de filósofos antigos, mas a verdade é a verdade e está colada à minha retina exausta. Há um momento feliz e um infeliz. A partir do instante em que a fase feliz entra em minha vida, eu já vivo à espera do próximo instante desagradável e fico imaginando como virá, oriundo de quê, da vida sim, mas sob que forma, enfim, uma série de imagens antes do fato em si. Aí permaneço no momento feliz tendo o conhecimento profundo de que este momento feliz não deve ser vivido com a felicidade que exala dele. Não há como um cérebro, que jamais deixa de examinar todos os instantes que advirão, possa deixar-se levar por um ínfimo instante de felicidade, quando os problemas não foram solucionados em suas bases. Aí eu penso: como viver o momento presente se o futuro não me deixa seguir sossegado? Bem que eu gostaria de não saber de nada, de não entender as coisas tão profundamente ao ponto de fazer uma energia nociva ao meu mundo já agitado por si só! Mas, na verdade, eu gosto de saber das coisas por antecipação, mas este saber antecipado me cansa, me deixa prostrado diante das portas fechadas que eu já sabia que não iriam se abrir para mim!! Minha existência caminha muitos anos à frente do meu corpo, e é justamente meu corpo frágil, magro, esquálido e desprovido de reservas de energia que tem que suportar as demandas da mente atribulada, terrivelmente neurotizada pela civilização.

Tudo me cansa: as revelações da vida, a vida, a presença constante da morte nos meus calcanhares, nos meus ouvidos, a ausência de uma estrutura posta sobre ou sob os arcos, aros, erros... saco tudo isso! Fazer poema é um saco; música outro saco, porque poemas e músicas eu tenho que fazer para os outros e nunca no momento exato!!!

Saco, sacola, guardanapo; quero o trivial porque o que eu quero mesmo é uma terceira mundial e já passou das dez e o coração se fechou e na cozinha, de boca aberta, fico esperando o assunto emocionante da revista que não veio.

1970

✔ Não gosto de dar as costas a lugares. Imagino que algo vem atrás de mim.

✔ Inquietação. Tensão. Temo o possível desgoverno da minha mente criando algo que eu não quero ver.

✔ Temo a morte e todos os fatos que circundam este assunto.

✔ Nunca sento na latrina, sempre fico de cócoras. Algo me inquieta no sentido de que eu possa ser atacado por baixo (verme).

✔ Não gosto de escuro quando estou só (eu e minha mente).

✔ Sonho muito sendo perseguido.

✔ Ponho sempre a culpa no mundo por meus atos.

✔ Quando, ao banhar-me no chuveiro, tenho que passar sabão no rosto, inquieto-me de ter que conservar os olhos fechados e não saber o que se passa. Rápida e nervosamente tiro o sabão dos olhos para ver.

✔ Sensação de que estou sempre sendo observado, manifestação esta que só se processa quando estou só, geralmente é noite e silêncio. Mesmo quando subo as escadas do edifício quando chego tarde do trabalho, subo inquieto, tenso, pois sempre está presente aquela sensação de que algo vem atrás.

✔ Uma vez meu irmão, meu primo e eu (os

três influenciados por crendices na época) sentimos medo no quarto afastado da fazenda, e "acreditamos" que um conhecido nosso havia morrido, e acreditamos tanto naquilo que sentimos que "ele" estava ali para nos avisar. Ficamos gelados, tremendo sem parar, brancos, como se tomados pelo espírito da pessoa.

1971

ENQUANTO EVANDRO PRODUZ LP DE JERRI ADRIANI

Sinceramente, não falo com revolta nem rancor, mas não gosto que me classifiquem; não me julgo classificável para ser rotulado em prateleiras ao alcance de quem me lança mão. Não é assim tão fácil, aliás ninguém é fácil. Nem eu.

Eu não sou de nada, minha gente, não estou em nada e por nada e ao mesmo tempo sou. Tudo, em tudo e por tudo. Incoerente e arbitrário às vezes, muitas vezes, milhões de vezes, todo o tempo. Sou apenas uma mistura confusa de todas as informações que recebi com o coração batendo assustado, hoje fumando maconha amanhã apareço chupando pirulito. Eu não sei quem sou nem quero que me definam. Não me perguntem onde estará metido esse Raul que eu não sei responder. Não há respostas, pois não há perguntas. Senão fica assim:

— Onde está Raul?

— No intelectual? No menino família? No hippie, no político? No eterno hipocondríaco? No sensual? No estudante de filosofia? No compositor popular? Ou quem sabe no poeta modernista? No cínico? No produtor de discos? No professor de inglês ou no niilista? No para-raios das angústias de outrem? No confessor eterno? No cantor de *folk songs*? No revolucionário (ou nesse liberal moderno)? No esteta? No apático? No descontente? No neurótico? No covarde? Ou no valente? No ateu ou no que tem medo de almas do outro mundo? No homem frio e impassível? Ou por detrás dos olhos do menino romântico-assustado? No agnóstico? No boêmio apaixonado? No pessimista ou no otimista? No galã cantor de rock na Bahia 62? No burguês-playboy incorrigível? No simples fazendeiro, no rapaz conceituoso? No psicólogo, no libidinoso e pornográfico?

Não, não estou ali ou aqui, rótulos prontos para serem usados.

Bandido. O único bandido do Rio, da GB, da CBS, da av. Pres. Vargas até Ipanema.

Príncipes, protegei suas princesas que lá vem o bandido, e professando-se como tal! (O que é pior.)

Suas manhas, suas artimanhas, discorrendo sem mais pretensões, reafirmei minha arbitrariedade e incoerência classificando-me bandido. Eu que me julgava inclassificável, um emaranhado de facetas várias, acabei simplesmente a colocar-me mais uma vez ao alcance das mãos de curiosos.

Será porque é tão difícil até ser bandido?

1971

Eu não pertenço ao domingo ensolarado
Meu pijama branco e largo
Que eu arrasto pela sala
Pela sala de jantar

Já não m'importa, o que m'importa nesse instante
É o meu vagar constante
Sob o peso dessa estante
Que eu vasculho até dormir

Meu quarto escuro sob os olhos de coruja
Boca seca e roupa suja
O coração se enferruja
Ao contato do verniz

Eu não pertenço nem à flor nem à espada
Tenho é u'a fome desgraçada
Minha cara engarrafada
Mais parece um guaraná

1972

Lá vou eu aqui de novo falar de mim, porque eu não consigo mais falar de ninguém. Lá vou eu aqui de novo tentando me conhecer, porque eu sei que a gente não conhece ninguém. Acabei de tomar meu Diempax, meu Valium 10 e um Triptanol 25, e a chuva promete não deixar vestígios.

Eu olho a janela, e quando vou percebendo algo me transporto para Feira Velha e não sei se sinto saudade ou se eu não tenho medo de morrer.

Mergulho no baú. Revejo, repasso as minhas teorias, fico me perguntando por que eu não choro e qual a última vez que chorei. Fico com raiva da minha bobagem, digo que é isso mesmo, tocar o barco *pra* frente. Levanto e fico achando que o ser humano é engraçado.

1973

Estou sempre experimentando, inventando, não se pode é deixar parar, porque quando se para apodrece e fede. Tem-se que conservar o dinamismo e buscar. O quê? Não sei, não importa. Buscar. As portas estão sempre abertas para as pessoas; é questão de coragem de aceitá-las abertas e entrar.

Eu entrei, entro e viajo e apenas começo agora a grande viagem: "Raul Seixas no País das Maravilhas".

1973

Hoje estive reparando nos seus olhos. Estão mortos ou semimortos e você sabe disso, e por isso evita pensar no assunto do qual você é seu grande representante. Raul!!! você ainda se deixa levar por necessidade de apoio exterior, e mais, por inseguranças quanto aos que te cercam tentando mostrar-se agradável, mesmo sofrendo, para que você (seu aleijado) seja naquele momento premiado com um afago ou um sorriso, mesmo sabendo que mais tarde irá ser descoberto e ainda por cima odiado??

Ainda sente remorsos ancestrais cultivando o deus distração sempre ao teu lado, o deus ciúme do outro lado, o deus do passado morto e enterrado em sua testa, carregando ainda o deus Medo nos ombros e arrastando nos sapatos o peso do deus Sofrimento Cristão?

Não. Por favor… não… não me pergunte POR QUÊ. Você, Raul, chegou ao final de uma única prova factual na vida de um homem: se é ou não é um escolhido.

Não há mais tempo.

Nem é sequer questão de tempo. Não sou Eu que vou designar seu tempo.

Não há tempo para esta pergunta.

No fundo cada um é o que pode ser e deve ser, e você já é.

Pode brincar de dizer que a partir de hoje é hora de mudar. Palhaço!

Você já mudou e não sabe.
Você é novo e não lhe basta.
Você já morreu e não sabe.
Você perdeu e admite.
Você nasceu para vencer e falta ser feliz pelo fato de você simplesmente ser feliz.

Corra agora e vá assistir aos seus deuses, Raulzito. Quem sabe Bruce Lee? Um gole escondido de vodca? Um livro de segredos? Um rock'n'roll do Elvis Presley? Um show frustrado? Uma mentira boba para sua esposa? Para o espelho dos seus trinta e um anos ou para a preocupação burra de perder algo que você no fundo só quer por mero capricho??

Machão estúpido. Eu não sou seu amigo nem inimigo. A mim não importa seus atos, eu apenas tenho o destino de te observar. Às vezes rio, pois sou seu próprio riso que você não consegue articular.

Raul, Raul, você está como um bonequinho com dois dedos frenéticos a bater na máquina!!!

Oh, grande força energética você é. Não sabe que sabe o que gosta e o que não gosta.

Você está em guerra ferrenha, Raul.

1975

17 DE JULHO

O dia teima em amanhecer-me.
Os pombos da janela arrulham
Sem trazer-me o conforto
De uma mensagem audaz.
Desenho meus momentos
Sem ansiar por rimas.
Vozes veladas de veludo verde
Voa vento…
à vontade e dwespido
Nu ante as arquibancadas
Marina não se mostra
Oswaldo noctivagando…
Presa fácil da minha *cerebrotônica*
labilidade
à terrível lucidez do medíocre.
Negar que é pestilento, jamais.
O mais e o menos são valoráveis.
Porém de nada se extrai
Da *média-ocridade*
Idade da pedra.
Me incomoda
A dúvida que, mascarada em cão,
Ladra e morde enfermamente.
Não quero interferências banais
Interferindo no meu espírito.
NÃO.

1976

A PHILIPS

Tô saindo para o triângulo do diabo para fazer meu primeiro filme. Escrevi todo o diálogo e nesse filme meu trabalho de todos os LPs lançados e não lançados está condensado em uma fita de duas horas de projeção.

Quero o Oscar!!

Meu tempo é precioso e não busco o que não há a buscar, pois eu sou o grande achado, o grande-simples mistério das pirâmides.

O fato de ser um ator da vida me facilita atuar fazendo papel do metafísico, do professor de inglês etc., quando na verdade ser ator é ser o próprio autor e expressar o que é, no tempo e no espaço.

Não gosto de fazer shows em estados, viajar por aí, apesar dos espetáculos estarem sempre superlotados de "necessitados da resposta absoluta". Eu não me sinto bem. Eu não trago respostas e sim canto uma saída própria, individual e intransferível; canto minha saída mostrando que, se eu saio, todos podem sair pelas suas próprias portas.

Se estou no palco, eu sou aquele que tem o "macrofone". Pagam para me ouvir, pagam para um deus, uma muleta, já que buscaram uma coisa sem saber o que é. Quando há busca de resposta há sofrimento, e os sofredores me perguntam pelos quatro cantos do Brasil: "Como é que eu devo fazer para ser feliz?" Eu não posso ser tão criminoso de ficar "ensinando" que o novo já chegou e está em todo lugar; agora, só se percebe o que é novo com olhos novos, caso contrário o novo será visto dentro da velha concepção. *Pra* os que têm olhos velhos, tudo é velho com nomes diferentes.

Hoje o intérprete morreu. Raul Seixas com sua voz forte, esteticamente classificado como "isso é cantor". O choque desse meu comportamento é uma prova de que eu quero romper as barreiras dos preconceitos velhos. Ninguém tem o direito de me julgar a não ser eu mesmo. Eu me pertenço e de mim faço o que quero. Se eu não quero mais cantar fora do Rio, onde eu moro, eu não canto.

Nunca me dei bem com empresários. Eles não estão errados, só que querem o meu dinheiro. Eu também, mas eles me incomodam muito, como o mosquito no olho do juiz.

O público paga *pra* saber quem eles são através do líder. Eu não sou líder. Sou o líder dos líderes.

1977

Eu na realidade sou um ator que não quero parar e só interpretar um personagem; eu quero interpretar o garotinho sem barba da novela das sete, o mocinho da novela das oito, o viado do filme pornô, o intelectual-esquizofrènico Raul Seixas (o cantor), e de repente meu campo ficou restrito a somente interpretar um personagem.

Eu queria ser um dos personagens de Hitchcock, de Fellini, de Nelson Rodrigues, da História da Humanidade tipo Nero, Calígula, Jesus, Crowley. De repente Ângela Ro-Ro, um Chico Anysio…

Attention, Raul, para não se alienar sendo apenas o compositor carismático que é Raul Seixas. Este é um personagem que eu já esgotei. Vide a dica de *Metamorfose Ambulante* (que eu compus com catorze anos ou menos) dizendo:

"Se hoje eu sou estrela, amanhã já se apagou.
Se hoje eu te odeio, amanhã..."

1977

Hoje à noite neva.

Sem horas sem nada fiz uma música para uma estrela à vista. Eu achei que a melodia está exatamente de acordo com o que eu senti do poema: um rock pesado. Minha música é a minha maneira de sentir a letra (Que posso fazer se ele cismar que a melodia não está à altura da letra?).

Mais leve hoje. Livre de problemas sentimentalóides, preconceitos, desquite, filha, família, feliz por estar leve quanto a isso. Venho cheirando a minha entidade favorita e curtindo pela primeira vez um efeito ou um estágio novo durante 48 horas. Cabeça a mil, sensibilidade altamente aguçada, vontade presente. Tão lúcido que sinto a proximidade de algo que está para me acontecer hoje.

Estou agora estranhando a realidade das coisas em geral e permitindo-me voar sem medo. Agora, eu quero. Estou querendo. Não estou seguro se estou mais aqui. Não é a droga; sou eu e mais ela. Revelações, gráficos, desenhos, tudo isso dentro de um certo tipo de vivência completamente fora da minha órbita normal.

Os pontos de vista; o outro lado do cinzeiro que não é só cinzeiro. Mergulho numa viagem meio estranha: uma espécie de conhecimento novo de infinitas possibilidades. Portas abertas que devo entrar. Se há entrada é *pra* entrar (percurso óbvio). O *feeling* que sempre senti haver, mas sem entender, digo, sem sentir como agora.

Não forcei nem pensei, entrei.

1977

Pássaro negro

Corvo, por certo,
Solitário
Me olha de soslaio
Do muro do cemitério
Aí, eu olho *pra* ele
Fixo
Ele voa embora,
Mas volta.

1978

87

Relativo à Família

Na casa de meu pai
Há 4 quartos

A dupla que fêz cada um de nós
Não gostaria de ver papai sem seu
terno largo e folgado, nem mamãe sem
seus velhos ditados.
Seu mundo tão correto eu não me arvoro
mexer
Ter Aquela sala de estar sempre arrumada, polida
E que nunca é utilizada,
Não há nada para trocar de lugar.
~~Aqui com minha~~
DAqui, bem longe de lá
Em onde faço o meu lugar
Entre uma canção e um café expresso
Me falta a presença daquela gente
Meu velho conselheiro
Minha velha protetora
A falta de me entregar acriançado
Alegria de escutar a relíquia
de um disco inquebrável
antigo mas
O canto de ninar
Quando volto por lá
Não levo roupas estranhas
Visto-me de filho.
Traje especial que não me desfaço.

A casa de meu pai tem quatro quartos
A dupla que fez cada um de nós
Não gostaria de ver meu pai
Sem seu terno largo e folgado,
Nem mamãe sem seus velhos ditados
Seu mundo tão correto
Eu não me arvoro a mexer
Aquela sala de estar sempre arrumada,
polida
E que nunca é usada
Não há nada para trocar de lugar.
Daqui, bem longe de lá
onde faço meu lugar
Entre uma canção e um café expresso
Me falta a presença daquela gente
Meu velho conselheiro
Minha velha protetora
A falta de me entregar acriançado
Alegria de escutar a relíquia
De um disco antigo, mas inquebrável
O canto de ninar.
Quando volto para lá não levo roupas
estranhas
Visto-me de filho
Traje especial do qual não me desfaço.

1979

São sete *pra* uma da manhã
Minha mãe está radiante
Mudando as passagens, ora.
Tania escreve em silêncio
Não há uma pesquisa inteligente
Entre nós
No sentido de tirar maravilhosas sacadas
Quando estamos sob íris
Deveríamos tentar
Uma psicoterapia real
O oculto
Os sentimentos reais
Sob as coisas grandes
Sob as coisas ininteligíveis
Sob o inédito
Sob o insensato
Sob o não-dito
Sob o medo cotidiano
Sob o que está ocorrendo
Mas o que existe é só um
Silêncio medíocre
De uma falta de união grandiosa
Isso é que falta.
Buscar juntos coisas das profundezas de
tudo
Daí saem as coisas reais
Dessa tentativa nasce o que é
O que é de fato
Sem tentar nada acontece
O fato é palpável. Inegável.
Há silêncio. Sem culpas.

1979

Não existe motivo para eu parar de viver. Bebia sabendo que ia morrer! Acho que para preencher a vida é necessário seguir e acreditar em alguma coisa que possa acalmar o absurdo da vida. Conheço muitas "escolas": ocultismo, religiões, carreiras, tudo para camuflar o vazio. O amor é o mais forte preenchimento. Escolhi ser artista por amor.

Por que eu trabalho de noite? Me destruo com cigarros, cocaína e maconha. Me desespero por não encontrar um sentido de vida, por isso não me importo com nada. Tudo é sem importância diante do fato de que estou procurando um propósito; o que chamo de "um fim".

1980

Enquanto o galo canta

De madrugada
O cigarro queima
No cinzeiro, a mosca
Zumbe no silencioso quarto
Onde minha mão trêmula
Escreve o que me requer
No papel em branco
Duma frágil culpa
Duma consciência barata tonta
Cheia de moinhos para fazer girar…

Minha filha dorme.

1981

Hoje vivi intensamente os dias de Raulzito e seus Panteras no Rio, passando fome com um disco debaixo do braço. Gravava por sede de cantar, indo sempre a pé do Leblon até a avenida Rio Branco. Tinha um "buteco" que eu comia mais barato; quando comia!! Perdi a conta das vezes que olhei vitrine de padaria. Os programadores de rádio cuspindo no meu disco. Com fome olhando as vitrines de doce.

Hoje eu me lembrei disso.

Estou arrasado.

1981

VIVIAN

Os olhos verdes que não puxaram a
seus pais
Perninhas grossas no molde bem-feito
da mãe
No mês de maio entre as flores nasceu
Vivian
Em casa seu nome é "pipoca"
De tanto aprontar
Talvez muito dengo da vó e do Beto
Só quer a quentura do peito e do
braço da mãe
ViVian!
Antes de ser batizada sorri para os
anjos do céu
Do céu, da sua boca pequena
Com cheiro de flor igualzinha ao pai
da Vivian!
Fica zarolha olhando,
Aprendendo o que olhar
Fralda borrada, uma outra golfada
e um gargalhar…
Riso banguelo e eu me acabo de lhe
amar
ViVian, oooh ViVian.

maio 1981

Há quatro anos que venho engolindo meus sentimentos, minha arte, minhas emoções. Tem sido assustador!! Estou profundamente magoado por não ouvir minhas músicas tocando nas rádios, nem ser chamado para programas de televisão.

Eles me esqueceram.

1982

Eu sou simples, acanhado, educado, incapaz de ferir alguém com este propósito. Sou primeiramente o cara que só quer ver tudo e todo mundo feliz. A mim não importa pensar que estou triste pois sei que sou feliz. Por ser feliz é que eu aguento, numa boa, a infelicidade do próximo. Podem vir a mim; aqui está o seu abrigo, eu jamais me negarei a receber e ajudar quem quer que seja de qualquer nível ou raça.

Minha função é essa.

1983

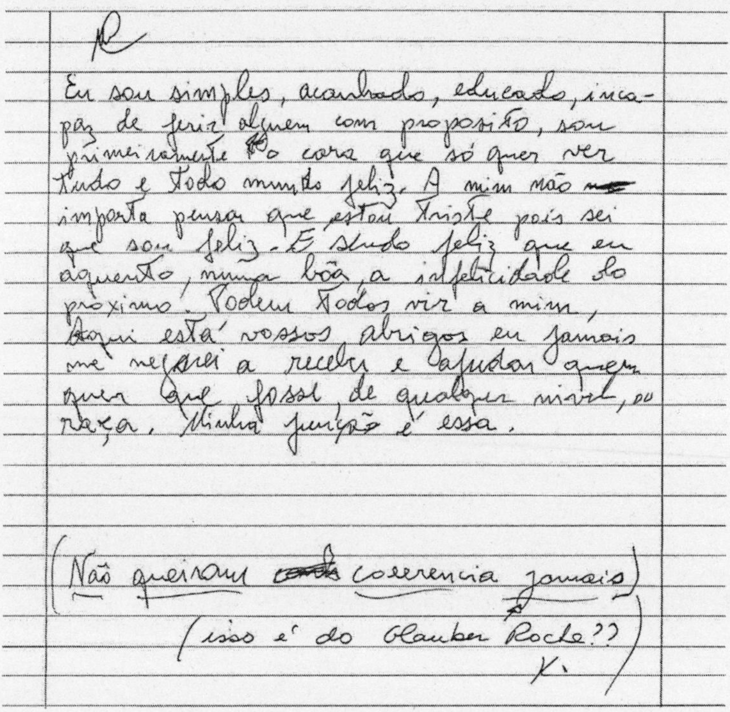
Eu sou simples, acanhado, educado, incapaz de ferir alguem com proposito, sou primeiramente o cara que só quer ver tudo e todo mundo feliz. A mim não importa pensar que estou triste pois sei que sou feliz. E sendo feliz que eu aguento, numa bôa, a infelicidade do próximo. Podem todos vir a mim, Aqui está vossos abrigos eu jamais me negarei a receber e ajudar quem quer que fosse de qualquer nivel, ou raça. Minha função é essa.

(Não queiram coerencia jamais)

(isso é do Glauber Rocha??

X.

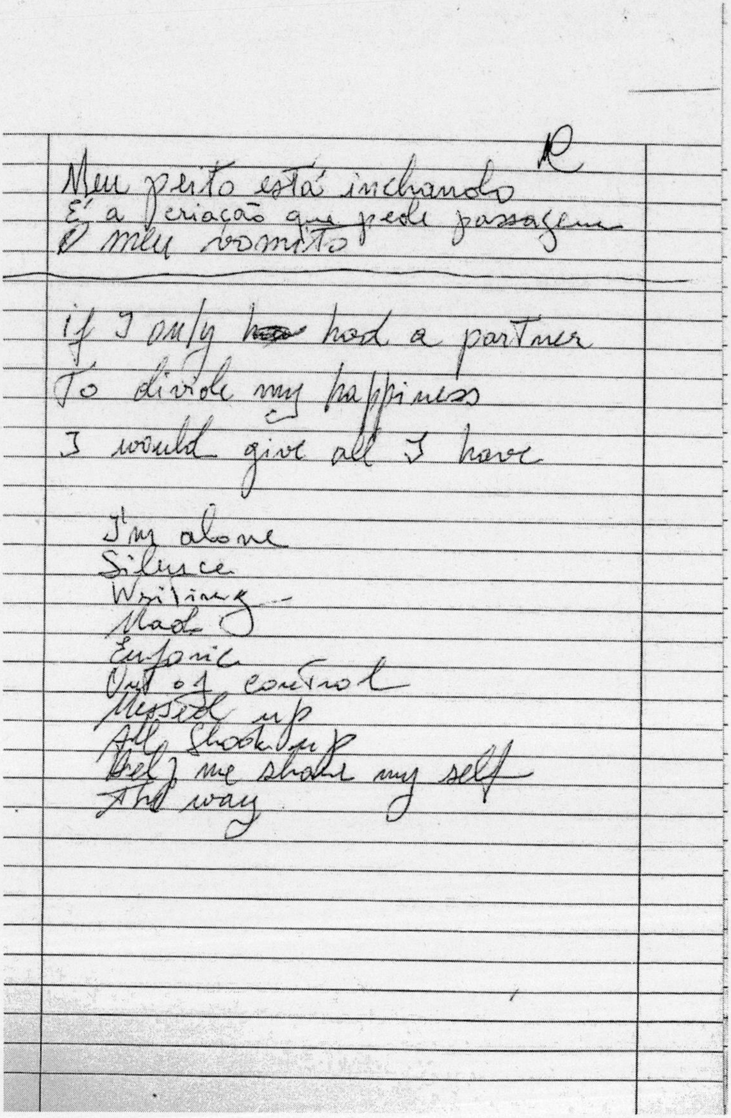

Meu peito está inchando
É a criação que pede passagem
O meu vômito

If I only had a partner
To divide my happiness
I would give all I have

I'm alone
Silence
Writing
Mad
Euforic
Out of control
Messed up
All shook up
Help me share my self
The way

Meu peito está inchando!!!
É a criação que pede passagem.
O meu vômito.

1983

Tudo que eu havia de fazer já fiz. Agora apenas repetições. Com nove anos de idade eu já sabia. Hoje aos 38 sofro mais.

Não quero mais escrever pois não tenho o que dizer. O tédio e o absurdo existencial me levam ao nada.

Ah… eu sempre escrevia pelas paredes: “Quero ser normal”. Já tive esperança de um dia ser normal, onde tudo é como no dicionário; crer no dicionário, ser o que é dito para ser e crer nisso.

Será que eu já disse-fiz-disse-fiz tudo ou hei de ver as coisas por um ângulo diferente???

Me dê de beber que eu não tenho sede!

1983

Estou sozinho na sala do apartamento onde moro. Num quarto dorme um: minha filha; no outro, que é meu e de minha mulher, ela mesma está dormindo lá. No quartinho dos fundos tem outro dormindo: a empregada. Cercado por todos os lados. Negado, abafado, procuro em silêncio.

1983

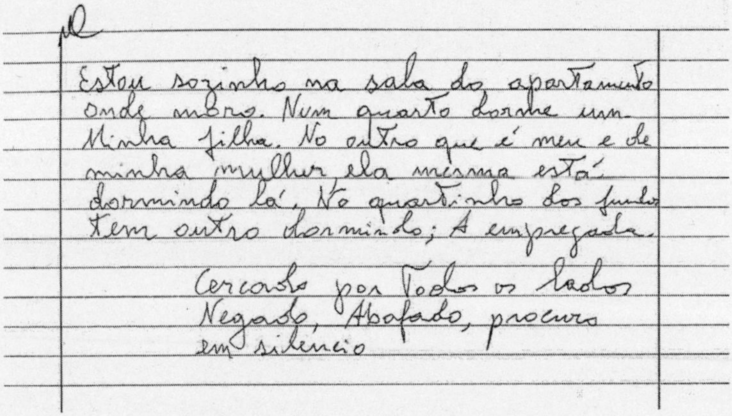
Estou sozinho na sala do apartamento
onde moro. Num quarto dorme um.
Minha filha. No outro que é meu e de
minha mulher ela mesma está
dormindo lá, No quartinho dos fundo
tem outro dormindo; A empregada.
Cercado por Todos os lados
Negado, Abafado, procuro
em silencio

MOMENTO ANTIGO

Era querosene puro naquela casa! Deus que nos livre do dono. Fedor de fedendo mesmo, mas era o querosene. O querosene do "fifó". O fifó era um fifó seguro mesmo (aquelas latas de flandre e tudo!). Um cordão grosso saindo assim de dentro do orifício, como o pavio de uma bomba. Era querosene só, por tudo quanto era canto. Incendiavam o diabo do cordão de sapato e lá ficava a noite toda alumiando os quartos onde dormiam: a tia com a filha, os meninos em outro quarto, mamãe dormia sempre com meu pai, vovó com vovô. Ainda havia um primo-bebê novo, mas que a gente nem perguntava de quem era!!

Tinha sempre mais uma pessoa ou bebê, uma cama, um berço arranjado de última hora pelos sábios velhos avós.

Assim era Dias D'Ávila que estou me lembrando agora! Viva o "fifó"; ele está sempre me fazendo relembrar Dias D'Ávila onde eu cresci.

1984

Não quero mais amor
Nem quero mais cantar minha terra
Me perco nesse mundo
Não quero mais o pau Brasil
As rosas que eu colho
Não são essas frementes na iluminação
da manhã
São, se as colho, as dum jardim
contrário
Nascido desses vossos
Na leiteira ou no bar a tarde se
reparte
em iogurtes, coalhadas, copos
São quatro horas da tarde ou da manhã
Em algum mês que não me vem à cabeça
Tenho 38 anos e uma angústia
Amo a vida que é cheia de crianças,
de flores e mulheres…
A vida. Esse direito de estar no mundo
Ter dois pés e mãos, uma cara
e a fome de tudo… a esperança
Esse direito de Kika e demais
que nenhum ato institucional
ou inconstitucional
Pode cassar ou legar.
Meus quantos amigos — gente presa
Quantos cárceres escuros
Onde a tarde fede a urina e terror
Existem muitas famílias sem rumo
Essa tarde nos subúrbios de ferro
e gás

Brinca irremida a infância da falada
classe operária
Estou aqui!
O espelho não guardará a marca deste rosto
Se simplesmente saio do lugar
Ou se morro… se me matam…
Um dia eu parto
Que importa pois?
A luta comum me incendeia o sangue
E bato no peito
Como o coice de uma lembrança.

1983/84

O que é que eu posso fazer para que uma entrevista possa ser algo real e frutífero para mim, para o entrevistador e para o povo que vai ler?

Que eu tenho um disco novo à venda, que o disco tem isso e aquilo?

— Quais são meus planos agora?

— Se eu mudei, que tenho coisas novas, algo diferente para que a matéria seja sugestiva, etc…

Na realidade deve ser muito difícil para o entrevistador sair do lugar-comum, da fórmula repetida, pelo fato de que nada está acontecendo de ousadia inovadora aqui no país.

Eu sinto o acomodamento e o intolerável desprazer de mostrar meu ponto de vista e ninguém mover uma palha, sem nem sequer pensar no assunto.

Dedico minha vida, minhas noites inteiras, cada segundo, cada momento, a jamais permitir que minha cabeça pare de pensar.

Eu vivo a cada segundo ligado aos meus pensamentos; na rua, no táxi, anotando tudo em maços de cigarros ou nas mãos para que em casa eu possa passar para o papel e trabalhar para a utilidade dos que sentem.

1984

Hoje é aniversário do meu pé
Ele é poucos meses mais velho do que eu
Foi por causa do parto de minha mãe
Diz ela que, na hora que eu estava *pra* ser parido,
meu pé pintou primeiro e ficou dois meses de fora.
Só depois desses dois meses que o resto de mim
saiu inteiro.
E como eu, paranoico, desconfio
que ele se gaba de ter dois meses de vida em minha frente
No seu aniversário eu o castigo
Não colocando polvilho Granado no seu pé-de-atleta.

1984

Meu nome é Raul e eu acho ele forte; o som de um rugido no início e um uivo de lobo no final. Sinto-me impelido nesse momento a escrever sem pudor, sem medo das palavras, significados, valores, pois o que importa neste momento é que vou escrever sobre mim. Sou eu sem interferências externas.

Política para mim é loucura; é igual a seguir religiões. Cada ser é seu próprio universo! Abomino qualquer tentativa de agregação entre pessoas que são diferentes e julgam pensar igual. Mentira!!!

Toda espécie de agrupamento na vida é uma tentativa de fortalecimento, necessidade de amparo. Medo de saber que é lindo ser diferente de todos os demais.

1984

• O cabelo tem algo de mágico, não? Dividido no meio, dos lados, caído nos ombros, Sansão, os Beatles, tudo isso tem a ver com esse papo de cabelo…

• Eu só fumo de piteira e cigarro de filtro; os cigarros mais baratos dão câncer na boca.

• Pois eu nunca sentei na latrina *pra* fazer cocô. Sempre, desde pequeno que eu só cago de cócoras.

• Vamos fumar esse juntos, porque só temos mais dois *pro* resto da noite.

• A única coisa que eu não entendo de viado é como eles não sentem dor no cu, né? Como é que pode cocô voltar *pra* dentro se foi porreta o alívio dele sair *pra* fora??

• *Tô* com chato nos pentelhos, não sei onde peguei. Aquele hotel da zorra em Greenwich Village.

• Pegue esse tom aqui e faça: *"It's been a hard day's night…"* Só isso, vá… 1 2 3: *"It's been a hard day's night…"*

• Porreta.

1984

Eu perco *pra* malandro, perco pra ladrão
Perco *pra* espertinhos e espertões
Perco na transação bancária, nos juros,
Na taxa diária
Ah, mas na sabedoria é que eu ganho de
vocês
Essa ninguém me tira.

1987

"Eu sou a mosca que
perturba o teu sono
eu sou a mosca no seu
quarto a zumbizar
e não adianta
vir me dedetizar
pois nem o DDT pode
assim me exterminar
porque você mata uma e
vem outra em meu lugar."

Mosca na Sopa
(Raul Seixas - 1973)

Os que estão contra a loucura do sistema, ou seja, os ditos revolucionários, são barbados e cabeludos. Tipos convencionais e padronizados. Se não for cabeludo não lhe é dado crédito. E outra, notei que da parte dos jornalistas há um certo receio de dar apoio ao movimento, já que o movimento é o que eles querem, mas podem "perder o emprego".

Como eu ainda não fui preso eles dizem que sou artista de consumo, ou seja, agente do Dops ou CIA. Para que deem crédito ao meu ponto de vista (já que é mais avançado que o deles) eu preciso, como Caetano, ser expulso do país e ter músicas censuradas, ser preso como Chico, queimar fumo *pra* não ser "careta", cheirar pó, senão é "careta".

O convencionalismo desses debiloides me deixa puto: se eu canto para o povo eu sou melhor entendido que a crítica dos jornais?? Esses críticos são uns idiotas bitolados. Ficam sentados atrás de uma mesa de redação ou atrás de perguntas programadas por minicassetes. Não movem uma palha porque não sabem mover, e quando alguém move eles não entendem. Se eu fosse contar com esse apoio *tava* fudido. São tão perigosos como os donos do poder.

São tão doentes quanto a sociedade.

1973

Fiz-me cantor e compositor em 1973.

Discutido, polêmico, maldito, o "demolidor solitário", segundo os críticos.

Através da música expunha meu ponto de vista sobre a humanidade.

Em 1974, com ordem de prisão do 1º Exército, fui detido e deportado para a América, acusado de subversão contra a ditadura Geisel.

Após desistir de "tomar" a RCA Victor brasileira fui concebido paxá da Rede Globo de Televisão.

1980

AREIA DA AMPULHETA

Eu sou a areia da ampulheta
O lado mais leve da balança
Cão vira-lata amordaçado
Fusca entre os cadilacs
Morador do lado errado
Revólver de espoleta
Mais um do bloco dos sabotados
Da trovoada o para-raios
Dos trovões
E lá vou eu, examinado
 espionado
Vou tachado
Sou pesado - empacotado
rotulado
lacrado e despachado
numerado e condenado
censurado e ultrajado
Meu povo!
Como nos deixamos cair
em tamanha abjeção??

1981

O governo dum país foi bolado
Para dar segurança ao povo
Mas os tempos mudaram
Inverteu-se o processo
Agora o povo cheio de medo
Trabalha para o sustento
Do governo, esse sujo gigolô

1981

DE BOM-TOM

O guia cita Caetano
Mostrando Santo Amargo,
As mãos em círculos
Tão dolente
Tão emoliente
Sob a chuva leve,
que filtra
É a água estelar destes versos
Murmura fluxo irrevogável
!Então, Senhor, Soa agradável?"
 Um aceno de cabeça
"Sim… como não…"
Bahia tem má memória
Na discoteca dos burgueses agora
Deus em pessoa o determina
Caetano impresso em microssulcros
Agradável!

Tomar batida de limão
Enrolar um cigarro
e acompanhá-lo em voz alta
com langor.
Venerar Veloso
é de bom-tom!
Agradável?
Dos silos da memória
Tiro minhas lembranças,
não as suas
Veloso jamais te agradou
Estranho, como tudo mudou
Ele não se amoldava

ao umbral
Dos preceitos falsamente virtuosos
Ao contrário, abusava do fumo
Era para vocês um amoral
Faço um julgamento em base?
Torces a cara...
Não é mesmo agradável?

Matou-o de lento estertor
Tudo isso, senhores
Matou-o tudo que o agredia
Como zombarias por trás da geral
Do Cinema Olimpia
Matou-o sua moral tacanha
Queimando-o por dentro
nas entranhas
Vocês são amigos do charro
Como Veloso
e de panças repletas
comandaram o assassínio dos poetas
para depois citá-los

SOU PUNK

Amanheci determinado a mudar
Agora vou ser punk até apodrecer
Apodrecer *pra* incomodar
Com meu mau cheiro empesteando seu jantar
Eu sou punk, nojento, e mais,
Eu quero é matar minha vozinha
Botar veneno na cerveja do meu pai
Não acredito mais em nada
Vou cuspir na cara da empregada
Eu sou punk
Nojento, vulgar, demais.

1983

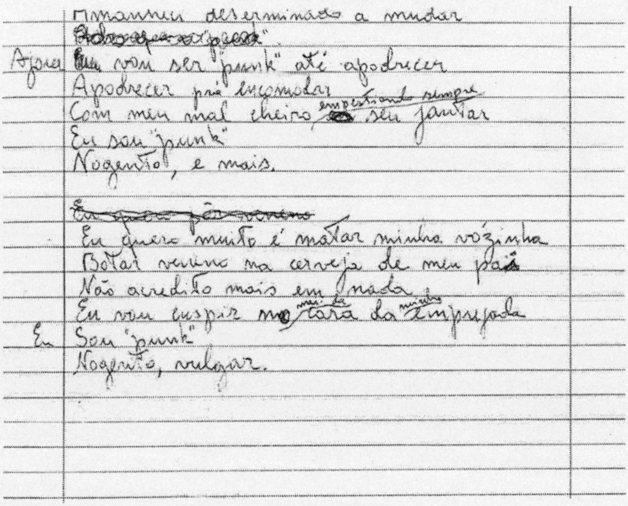
Amanheci determinado a mudar
Agora Eu vou ser "punk" até apodrecer
Apodrecer prá incomodar
Com meu mal cheiro seu jantar
Eu sou "punk"
Nojento, e mais.
Eu quero muito é matar minha vozinha
Botar veneno na cerveja do meu pai
Não acredito mais em nada
Eu vou cuspir na cara da empregada
Eu Sou "punk"
Nojento, vulgar.

PARA O ESTADÃO

Está na praça, já chegou
O dicionário do censor
Desde A até o Z
Tem o que você pode ou não dizer
Antes de pôr no papel
O que você pensou
Veja se na sua frase
Tem uma palavra que não pode
Substitua por uma que pode
Você não queria assim… mas que jeito?
O dicionário do censor
É que decide, não o autor
Um exemplo *pra* você
Se na página do "p"
Não consta a palavra "povo"
É porque essa não pode
Vê se no "o" tem escrito "ovo"
Ovo pode…
Se o sentido não couber
Esqueça, risque tudo, compositor
Seu dever é decorar
As que pode musicar
No dicionário da censura
Nem botaram "dentadura"…

1983

Papel de presidente dos USA
De Reagan seu melhor papel
Enquanto a conta aumenta, Brasil
A Amazônia ainda aguenta
A Rússia não quis emprestar
Dinheiro em troca de um campo de aviação
São doze pistas de pouso
E, em troca de ouro, prata e carvão

Se eu falo é tupi-guarani
Que lindo sotaque o daqui
O português é puro latim
Nada de tupiniquim
Nada de Rio Ipiranga
Nem de margens plácidas
Precisou um portuga, xará
Pra gente estar no ponto que está

1981

Três músicas minhas foram vetadas, proibidas.

A primeira eu canto com a Wanderléa; é um forró cheio de humor, chamado *Quero Mais*. Vetada porque não se pode querer nada sem ordem. Nem mesmo o chamego da voz de Wandeca. A outra é uma versão de um rock'n'roll antigo, *Bop-a-lu-la*; essa eu entendi menos ainda! A terceira é *Não Fosse o Cabral*, uma gostosa sátira à la Jô Soares na qual ponho em dúvida a influência do tal português nos dias de hoje. Chego quase à conclusão de que Cabral não gostava de música.

Estou numa escola onde ensina-se a andar para trás. De segunda a sábado, obrigatoriamente, esse curso. O curso no qual eu não me matriculei. Estou andando *pra* trás até direitinho depois dos anos *pra* frente desde que nasci. Está na praça, já chegou o Dicionário do Censor. De A a Z tem todas as palavras que um dicionário tem. A diferença está na cruzinha preta, logo após a palavra, significando que *não pode*. As que *pode*, o compositor deve conferir se não tem a cruz. A distribuição é feita para todos os compositores do país. Antes de colocar no papel um grande achado poético, consulte se existe uma palavra que não pode entre as outras da frase. Se não puder tente substituir por um sinônimo, embora o que você queria expressar era aquela primeira. O dicionário do censor é sério, e não é verdade o que dizem as más línguas: "O censor acaba sendo seu parceiro na obra"? Método subliminar de indução *parceirística* por correspondência? Por exemplo: você, compositor, cria um verso que diz "Eu canto para o meu povo, porque do povo é a minha voz, se eu pertenço ao povo, somente do povo será a minha canção". Não se entusiasme, calma, lembre-se: o dicionário. Vai lá no P. Lá está a palavra povo com duas cruzes negras. Portanto você há de aceitar que povo não pode. Tente um som próximo; que tal ovo? *Ovo pode.*

Seu dever é decorar os pode e não pode. Assim facilita, você não dispersa! Não sei por que a palavra dentadura tem três cruzes!!!

Agora, todo cuidado é pouco *pra* quem tem miolo. Tem canibal excêntrico que dá banquetes de cabeças, entendeu? Miolos de gente que pensa são os mais caros do menu.

Absurdo!!

"O cantar tem sentido, sentimento e razão." De todas as artes vigentes no Brasil, por que somente a música foi eleita como maldita? Medo de um eventual processo subliminar? Quem ouve discos ouve porque quer, ao contrário da TV.

Em 1983, com promessas de abertura, eu pergunto em nome da música:

— Seu medo é o meu sucesso?

1983

(3) 72

Não fosse o Cabral

RAUL SEIXAS

Tudo aqui me falta
Nada é posto em pauta
Dane-se quem não gostar
Não tenho mais dente
Não sou paciente
Perdi a hora do jantar

Falta de cultura
Ninguem chega a sua altura, oh Deus!
Não fosse o Cabral!

Por fora é só filó
Dentro é mulambo só
E o Cristo já não 'guenta mais
Cheira a fecaloma
E canta La Paloma
Deixa meu nariz em paz!

Falta de cultura
Niguem chega a sua altura, oh Deus!
Não fosse o Cabral

E Dá-lhe ignorancia
Em toda circunstancia
Não tenho de quem me orgulhar
Nós não temos Historia
Uma vida sem vitoria
Duvido que isso vá mudar

Falta de cultura.
Prá cuspir na estrutura, e que
Culpa tem Cabral?

ÓCULOS ESCUROS – LETRA CENSURADA

Esta luz *tá* muito forte
Tenho medo de cegar
Os meus olhos tão manchados
Com teus raios de luar
Eu deixei a vela acesa
Para a bruxa não voltar
Acendi a luz de dia
Para a noite não chiar
Já bebi daquela água
Quero agora vomitar
Uma vez a gente aceita
Duas tem que reclamar
A serpente está na terra
O programa está no ar
Vim de longe, de outra terra
Pra morder teu calcanhar
Esta noite eu tive um sonho
Eu queria me matar
Com dois galos a galinha não tem tempo de chocar
Tanto pé na nossa frente que não sabe como andar

refrão:

Quem não tem colírio usa óculos escuro
Quem não tem papel dá o recado pelo muro
Quem não tem presente se conforma com o futuro!!

1973

28/6/1976

Dia de pôr voz em *Há 10.000 Anos.* Meu aniversário. Ninguém tem a menor consideração. Eu sei que tenho um sucessão nas mãos e fui ao estúdio completamente bêbado. *Pra* me vingar do sistema enchi o saco dos diretores e produtores com ironia e sarcasmo. O período ia passando e eu comendo peixinho frito… curtindo com a gravadora… Lavei a alma. Meu presente de aniversário.

1976

“Quem quer que seja que ponha as mãos sobre mim para me governar é um usurpador, um tirano e eu o declaro meu inimigo.”

Frase do filósofo francês Pierre-Joseph Proudhon (1809-1865)

"Tá rebocado meu *cumpadi*
como os donos do mundo
piraram
eles já são carrascos e vítimas
do próprio mecanismo que
criaram."

As Aventuras de Raul Seixas
na Cidade de Thor
(Raul Seixas - 1974)

A ARAPUCA ESTÁ ARMADA E O ALPISTE É TENTADOR

Eu sou um pacifista, trabalho pela paz para um mundo melhor.

Trabalho contra os caretas do mundo, contra o torpor, a imprecação, contra a arapuca que nos foi armada e durante séculos vivemos conformados, presos nela comendo o alpiste que nos dão. E o pior é que os que prepararam a arapuca também caíram nela, comem do mesmo alpiste e não sabem disso.

Trabalho para sair da arapuca com todos os que estão querendo ser pássaros livres outra vez. Os que estão cegos ficarão soterrados dentro dela quando ela desabar.

Sou um pacifista, a mando de forças exteriores.

Pensando que estão por cima, os imbecis vivem dentro do mesmo esquema: a neurose, a preocupação criminosa e doentia de manter-nos a todos dentro da armadilha. Mas é preciso sair dela de qualquer maneira, é a única salvação ou seremos eternos pássaros tristes, presos numa arapuca com alpiste racionado. Porque às árvores nós pertencemos.

Eu quero ver o mundo do cume calmo de uma montanha!!!

Antes eu não sabia o que era, mas tinha certeza que não era aquilo.

Hoje eu sei que é possível o Mundo Novo, porque estou sentindo que a semente libertária já foi plantada sem imposição; o próprio processo histórico, o próprio sofrimento humano, as condições, a falsa ética, as mentiras convencionais, dogmas enganadores, guerras, desgraças e opressões, a própria arbitrariedade da sociedade foram pouco a pouco denunciando o caminho do universalismo, da paz e da harmonia.

É tão fácil encontrar a paz.

Os que são pela paz são a maioria!

O problema é que ficam sentados esperando alguém resolver o problema.

Os loucos que fazem a guerra são poucos e a eles se confere o poder!!

Vamos levantar e acabar com isso agora? Eu estou pronto, e você?

final de 1973

Show das nove até meia-noite. Papo. Atender colegas e não colegas. Dormi três horas. Acordo às sete, pego o avião. Medo. Salto no Rio. Fila de táxi. Chego em casa vejo Simone (minha filha). TV Globo.

A irritação dos diretores e contrarregras. Eles estão certos: filmaram novela até cinco da manhã e estão sem dormir. "Você já tem camarim?" (a bicha camareira). "Eu me lembro de você no Chacrinha, ficava nos corredores." Calçaram meus sapatos, escovaram meus cabelos, me maquiaram e me sorriram. Volto *pra* casa correndo. Arrumo algo.

Almoço em Ipanema, na Montenegro. Sol - praia - táxi - aeroporto São Paulo ou Rio? Fila - avião - São Paulo - fila - táxi - hotel - rápido. Restaurante perto do show. Show - papo. Atender colegas e não colegas. Hotel: aviso para não ser perturbado. Acordo ao meio-dia. *Pra* mim tem café!!! Voltamos a dormir. A camareira mete a chave na porta e espia se tem gente e me acorda. Dou um PORRA bem alto e ela some.

Ela tem razão: mora longe, ganha pouco, tem que arrumar o quarto no período da manhã, senão tem que ficar depois da hora. Eu me arrependo. Também tenho razão?? Os táxis são violentos; matariam os passageiros por prazer. Estão certos; as condições em que se vive nas cidades são propicias *pra* enlouquecer. Virus da cidade. Você enlouquece e joga o jogo se suicidando dia após dia.

Edith notou que a pele do paulista é ruim…

O avião à noite. São Paulo - Rio.

Tá rebocado, meu *cumpadre*, como os donos do mundo piraram, eles já são carrascos e vítimas do próprio mecanismo que criaram.

1973

LEVIATÃ - TEMA PARA O SEGUNDO LP

Roubaram nossas terras e as dividiram e subdividiram.

Nos fazem pagar para comer o que a terra dá.

Pagamos para respirar o monóxido de carbono nas largas avenidas onde você é doutrinado a cada segundo para amar o supérfluo. E matar e morrer por ele.

Todas as estradas coloridas vão dar no mesmo lugar: o alpiste e a arapuca.

Amar o supérfluo!! Bah! Pois eu desprezo tudo.

Ser artista é… comunicar, expressar nossas dores e queixar-se do supérfluo.

Buscar deuses nas religiões, nas drogas, na loucura é tão fácil.

É preciso abandonar o domínio dos tiranos porque tudo aquilo que eles dominam e exercem poder sobre não nos apetece.

Eu não preciso. Desprezo.

O que eu preciso a terra pode me dar.

Liberdade.

1973

TEXTOS DO SHOW KRIG-HA-BANDOLO

Rockixe

Nós estamos no princípio de uma nova era, uma era um tanto quanto conturbada, mas onde os prógonos estão vencendo os epígonos.

Esse é um momento histórico que jamais houve outro igual.

É a idade da conscientização. Estamos pela primeira vez tomando consciência geral da situação do planeta. O mundo é nossa casa que o cupim destruiu, e já não cabem mais remendos. Temos consciência de que é preciso construir outra totalmente nova.

Essa tarefa cabe a cada um de nós.

Al Capone

Gilberto Gil disse uma vez que existem várias formas de fazer MPB e que ele prefere todas.

Eu também prefiro todas, só que todas as minhas variações estão dentro da conotação realista, exemplo:

cucaracha realista

toada realista

candomblé realista, e por fim a famosa criação minha do *yê yê yê* realista, que é a fase *pós-yê-yê-yê* romântico.

Eu disse: (Essa vai bem a proposito) 80

AL CAPONE

Hei Al Capone, vê se te emenda
Já sabem do teu furo, nego
No imposto de Renda

Hey! Al Capone, vê se te orienta
Assim dessa maneira, nego
Chicago não Aguenta.

Hey, Julio Cezar vê se ñ vai ao Senado
Já sabem do teu plano, prá controlar o ESTADO
Hei, LAMPIÃO, dá no pé, desapareça
Pois ELES VÃO À Feira, nego, exibir tua CABEÇA

Hey, Al Capone .... etc...

SOLO

Hey, Al Capone, vê se te emenda.
Já sabem do teu furo, nego
No imposto de renda

Hey, Al Capone, vê se te orienta
Assim dessa maneira, nego
Chicago não aguenta

Hey, Jimi Hendrix abandona o palco agora
Faça como fez Sinatra, Compre um carro e
Hei, JESUS CRISTO o MELHOR é vá embora!
Qué você faz...
É deixar o país de lado hoje prá morrer em
PAZ

Dentadura Postiça

Todo mundo sabe do grande poder energético que existe concentrado no cérebro do homem. Vamos todos nos concentrar por um minuto e pensar numa coisa que eu sei que vocês gostariam que acontecesse.

Ouro de Tolo

Negócio de disco voador… dizem que ele é guru. A música da boca escancarada.

— Carlinhos, esse cara diz que viu disco voador!

— Bota ele no programa do Silvio. Dá *ibóóóóópe*!!

Cachorro-urubu

Essa música que eu vou cantar agora é dedicada a Cachorro-urubu, para quem não conhece "Crow-dog" (aquele pajé sioux do Woonded Knees), por ele ter ensinado a técnica de fazer chover na hora certa.

1973

A desobediência é uma virtude necessária à CRIATIVIDADE.

Sou anarquista diferente das correntes políticas; posso prever, eventualmente, um substituto para a qualidade espiritual que desapareceu da vida da maioria dos homens, já que as religiões tradicionais perderam seu impacto e sua credibilidade.

Existe o "entraram numa" de que o governo é uma necessidade na organização da vida social. O patrão, o padre e o professor nos "ensinam" que o governo é necessário. Se acrescentarmos o juiz e o policial para pressionar aqueles que pensam de outra forma, vamos entender como o preceito da utilidade e de necessidade do patrão e do governo foi estabelecido.

O serviço militar obrigatório destrói todos os benefícios que o sistema deveria defender. Resistência ao serviço militar.

Como podemos viver sem o Estado? Sem o governo sobre o cidadão?

— Tudo tem o seu lugar marcado na "cadeia da vida", e se seguíssemos a própria natureza tudo acabaria bem. Mas se qualquer espécie rompesse a cadeia, afastando-se da natureza, sobreviria o desastre.

O homem nasceu livre, mas em toda parte eu o vejo acorrentado.

1984

Quase quarenta anos que repito sem parar, já não me resta paciência *pra* olhar — que porcaria, todo dia observar na esperança que essa merda vá mudar.

Nada muda! Não leio jornais, existem livros, cigarro se fuma, se bebe, as pessoas ouvem e fazem música, dançam, andam. Como posso dormir em paz? É tido como certo que o homem precisa dormir. Mas que tem isso a ver comigo, que não durmo em paz??

Eu me recuso a aceitar o absurdo daqueles que acreditam na imbecilidade de crer que é só isso aí.

1984

"Se eu te amo e tu me amas
um amor a dois profana
o amor de todos os mortais
porque quem gosta de maçã
irá gostar de todas,
porque todas são iguais."

A Maçã
(Raul Seixas/Paulo Coelho/
Marcelo Motta - 1975)

ESSE NEGODIAMÔ

Sem concepção de tempo,
O papel já terminou
Você vê que nada ficou
Sem poder dormir você pensa em fugir
Mas não há *pra* onde ir

Lá trancado no porão
Que é escuro, mas é clara sua visão
Daquilo que você tanto esperou
Não passava de um sonho
Sobre esse negócio de amor
Doeu na hora que você acordou
Ao som agudo de um despertador
Mais barulhento que o apito
Do guarda abrindo o sinal.

Você procura entender,
Sabendo que não há porquê
Tudo é apenas o que é
Vai morrendo firme em pé
Você vê que não sabe de nada
Você louco e ela calada
Ela foi linda e clara esta noite
Inevitável, claro o açoite
E a dor foi mais que demais

Tudo que *cê* aprendeu desde que você nasceu
Embora sempre *cê* desconfiou
Que a gente é gente e é isso aí
Mas, no entanto, *cê* esperou

Sei lá, um milagre ou coisa assim
De repente o punhal
Mostrando as frestas do que
Aí se entende o que é morrer
Estando vivo *pra* saber
Que *cê* não passa d'um guri

Sua mente *flashbacka* atrás
aos catorze anos ou pouco mais
As meninas coloridas de batom
de rouge de risadinhas freteiras
Eram todas tão iguais
Sempre elas e sempre o rapaz
Transbordando de amor
Preferi ser escritor sem mesmo sequer saber
Que eu também queria amor
Como um susto bem pregado
De repente vi que tinha esse negócio mesmo
De estar apaixonado
Vi o mundo do outro lado
Tudo tão certo e tudo tão errado.

1977

A saudade é um parafuso
Que quando a rosca cai
Só entra se for torcendo
Porque batendo não vai
Mas quando enferruja dentro
Nem distorcendo não sai.

1976

ESPELHO

Todo dia é um dia
Cada cor *pra* um dia
Já te vi de sete faces
Que eu não queria ver,
Mas fui eu mesmo o imbecil
Quem colocou em você
As faces-personas que eu achava não
ter
Do espelho da sala até o do sanitário
Saindo apressado
Paletó, beijo… espelho
Escovando os dentes
Pasta, olheira no espelho
Trezentas mil caras
No espelho eu neguei!
Apertando o pescoço
Com o nó da gravata
Eu criava minha imagem
Jogando meu câncer
Através do espelho virgem
O espelho era virgem
Para teus virgens porquês??
Teu cabelo negro
Misturado com pente, escovas e
bobbies
E longos fios-raízes
Raízes do câncer
Câncer, amor, *virgenovo*
Entre milhões de imagens
Super-8 com zoom
Eládios, Ney, Millen

A prestação, pegue-pague
Carne-seca da Banha
Sou o "*wise ass*" e tal
Rotulo o louco e o normal
Naquele espelho Kolinos
Duma manhã racional
Ainda sendo menino,
Pra uma *meninanimal*!
Dois bichos dentro do espelho
D'escova, *make-up*, arrotos
Horizonte e final colorindo com-victo
A vitória do bem e do mal
No preto-e-branco da tela
Quadrada da TV, vê sem sal
Açúcar vindo da cana
Cana que já somos o canavial
Doce na boca, na boca do eu "pipoqueiro"
A beleza do silêncio individual
Espelhando um esperado
Boa noite ou durma bem
De um casal *pra* um casal
Mostra agora a mim
Talvez mais tarde nada mais
Agora sim pois além da nossa
Vossa, roça, troça, força
A pasta, a escova, a pia
Eu no espelho afirmo
Meio-dia.

1977

Quero que venhas depressa
O tempo é pouco
Careço de partilhar meus delírios com você
Conheço lugares jamais penetrados
Misto de poeta e pirata
Só os loucos são capazes de voar
Não tenhas receio de mim
Quero te levar aonde estou
Como poderia mentir-lhe
Se eu sou somente o que sou?

1979

Não é que me acomodei! O herói!
Não é que me esqueci!
Você como uma planta teimosa
Cresce cada dia…
Se enrosca em meu único tronco!
Não é que ele fraqueje
É que o veneno é fatal
O pouco-a-pouco é um porto seguro
O desvairado raio
que rápido se rompe!
Nu.
Sem armas para um duelo
O qual conheço o fim
Eu sei de mim
Não; nunca. Jamais de teus segredos
Meios, maneiras, manuseios
Não lhe peço que me poupe
Arranque o que é de legal
Fortifique tua ilha
Invista contra meu vacilo
Continue a comer da maçã
Já mordida por mim
Eu não falo pois a voz
Está em ti.
Não te invejo,
No fim és mesmo o que eu queria sentir
Você é foda, menina.

1979

Angela! A tresloucada e sagrada estrela
que ilumina os escolhidos!
Não admitem-se planetas que girem sem
mostrar seus dons.
Tua paz, ó mulher dos homens e mulheres,
me fascina. Odeio teu obscuro e magnânimo
útero universal perante esse missionário
Quixote de La Mancha que abate moinhos.
Afasta-te do meu lado, porém deglute-me em
inteiros pedaços de amor!
Princesa das trevas, medusa dos cabelos,
covil de todas as benditas cascavéis.
Vingo-me do teu veneno no mais profundo
poço de amor, no minuto em que o sagrado
orgasmo te arrebata como uma punhalada
quase mortal.

Amo a grande — deusa total!

Teu Homem.

1980

Não quero que você labute
Não é hora
Espere!
Eu te protejo
Eu posso fazer tudo!
Te amo muitíssimo
Angela!
Amor é vida.
Ronque, ronque
muito em meus ouvidos.
Eu sou o sol da manhã
Tu és a paz da noite
Amo nossa criança
Antes do ato de nascer
É nossa criança astral.

1980

Concordo que eu estou amando
Pela primeira vez na vida
Que eu tenho um lugar onde morar
Mas nada que existe
Vai me proporcionar ser livre, sem medo
De poder voar
De não sentir culpa
Se essa culpa não há.

Atrás das grades dos valores
O medo é o grande guarda-chefe
Relógio na mão
Que horas já são?
Por que que o que eu gosto
Eu faço lá no porão?
Ciente que é certo
Sofrendo a burrice
De cegos que pensam que estão com a razão.

Já faz 29 anos
Que eu vivo aturando a todos
Se quero acordar em vez de dormir
Até mesmo em casa
Há pressão sem parar…
O homem não é um ser social
Sei que falta pouco
Pro meu saco estourar…
Vou me picar.

1974

PRA KIKA, NÃO PARA ANGELA

Tu.
Urubu profundos olhos de águia
Tempestades, desvarios em pele
escarlate
Desplugando de mim meu amor por mim
Bocarra mãe
Seu sutil chicote de prata
Comilona, ardilenta armadilha
Lua vermelha, enchendo marés
Eu que era o rei do fogo e dos
trovões
Sinto minha coroa pender a tentações
Se amor e ódio não passam de
predestino de um casal
E se amor é meu grande jazigo
Que mais posso eu fazer?
Ninguém além de ti
Mas eu e tu
Que meu pau de ferro seja
seu companheiro e compromisso
Que se cumpra o jogo sagrado do
destino
da Lua e do Sol!!!!!!

1980

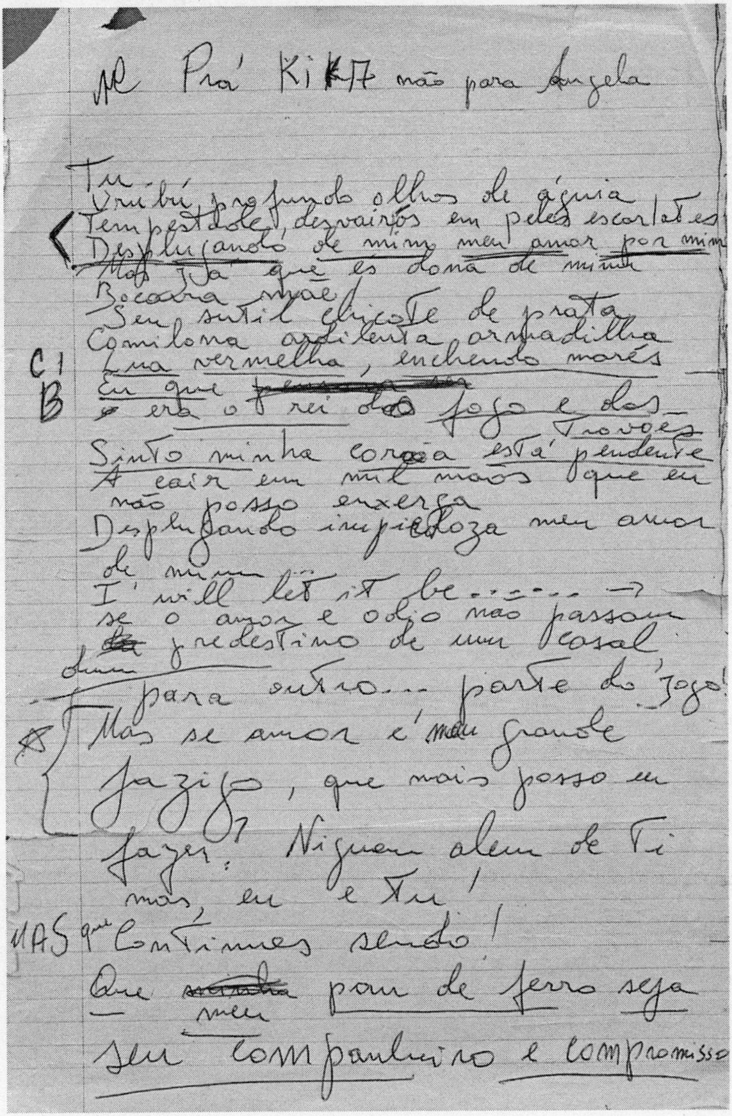
Pra' Kiki não para Angela

Tu
Urubu profundo olhos de águia
Tempestade, desvairos em peles escarlates
Desplugando de mim meu amor por mim
Mas já que és dona de mim
Bocarra mãe
Seu sutil chicote de prata
Comilona ardilenta armadilha
C1 Lua vermelha, enchendo marés
B Eu que ~~[illegible]~~
era o rei do jogo e dos trovões
Sinto minha coroa está pendente
A cair em mil mãos que eu
não posso enxergar
Desplugando impiedosa meu amor
de mim
I' will let it be..... →
se o amor e ódio não passam
predestino de um casal
para outro... parte do jogo!
Mas se amor é ~~mau~~ grande
jazigo, que mais posso eu
fazer? Ninguém além de Ti
mas, eu e Tu!
MAS que continues sendo!
Que ~~minha~~ meu pau de ferro seja
seu companheiro e compromisso

Se eu não a tivesse
Você não me traía

Se eu não vivesse
Você não ganharia

S'eu não pintasse
Você não coloria

Se eu não soubesse
Você não sorriria

Se eu não vivesse
Ninguém te servia

Se eu não existisse
Seu coração não saberia
Da discrepância
De você na parceria!

1981

RAPAZ RESPEITOSO OU ONZE HORAS É SACANAGEM!!!

São 11h30 da noite, cedo demais para você me deixar só. Você curtiu o que tinha que curtir e depois foi dormir às onze sabendo que eu queria você e você me queria. Acho que após a parada da bebida eu tenho andado sem dormir por conta da mudança de vida. Você ronca alto e eu estou nervoso, tão nervoso que não consigo dormir. Preciso fazer alguma coisa, ir ao médico, ando muito excitado; acho que se deve à consciência de uma vida nova, uma retomada repentina do equilíbrio. O mais engraçado é que uma coisa tão saudavelmente feliz tem do outro lado o chicote.

"Então estás acertando o caminho? Hein? Vou lhe trazer outro problema, outra dificuldade: não poderás dormir - não sentirás sono embora morra de cansaço e solidão."

É você, meu Deus? É você que está fazendo esse jogo? Por que me pune assim? Quem me ama me abandona: minha saúde e minha mulher. Agora são 11h58 e daria tudo para você bater em minhas costas com sua presença aqui no gabinete onde escrevo o que sinto. Mas você não vem; quando você para de roncar eu sempre penso: "Ela levantou, vem me ver"; ou mesmo quando você se mexe na cama e eu ouço, aí eu penso a mesma coisa: "Ela vem".

É meia-noite agora. Meu Deus, a noite toda outra vez?

1981

Sei que meu ciúme é ao cubo
Ciúme de você morrer com o vestido
levantado
Suicídio do 27º andar levanta saia de
mulher na queda!
Não se suicide na rua, vou ficar puto
Neguinho gosta de ver coxa de gente morta
Hoje eu estou ótimo: vou deixar até você
assistir TV.

1981

Minha mulher, privilegiada
Porque particularmente favorecida
Para viver do amor e da verdade
Sobre todas as coisas és dona
Da alegria de viver.
O que tu levas deste mundo
Consegues lutando
O bom combate é o que se conquista
Você não diz nada
Forte no teu silêncio
Limita-se a perturbar o sossego dos homens
Com tanta e tranquila beleza
Esplêndidas são as perspectivas
para os sapateiros, para os músicos e
melhores ainda para os marinheiros
Secretos deslumbramentos estão reservados
para os que gravam sua dor em madeira
E os que escrevem seus poemas sobre as
águas
Te previno contra o sono
Sono este que se alastra ao teu redor
Tua casa está dormindo
Tua rua está dormindo
Aprenda música em segredo e
Desperte a tua praça
Com um canto de clarim.

1983

EU SOU APAIXONADO POR VOCÊ

Você não se penteia nem se pinta
— Eu sou apaixonado por você!
Você futuca a cara de espinha
— Eu sou apaixonado por você!
Você emagrece d'uma hora *pra* outra
— Eu sou apaixonado por você!
Engorda quando come macarrão
— Eu sou apaixonado por você!
Você é moça e tem bigode
—Eu sou apaixonado por você!
Você me cobra caro o seu amor
E nem é do tipo que eu gosto
— E eu sou apaixonado por você.

1983

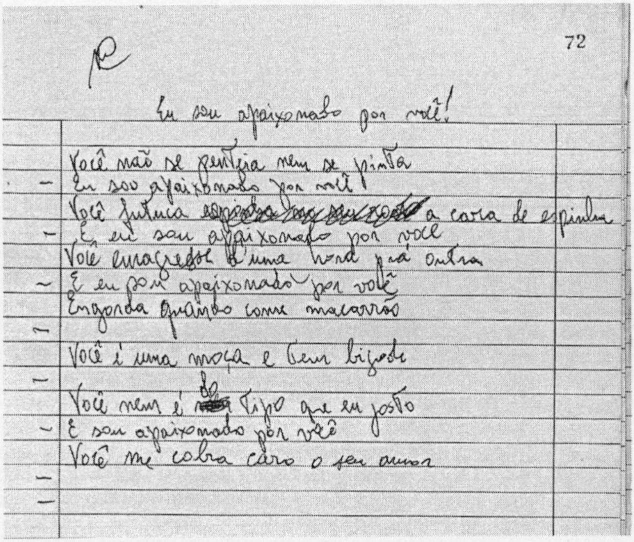
72

Eu sou apaixonado por você!

Você não se penteia nem se pinta
— Eu sou apaixonado por você
Você futuca a cara de espinha
— E eu sou apaixonado por você
Você emagrece d'uma hora prá outra
— E eu sou apaixonado por você
Engorda quando come macarrão
—
Você é uma moça e tem bigode
—
Você nem é do tipo que eu gosto
— E sou apaixonado por você
Você me cobra caro o seu amor
—
—

PALAVRA DE RAULZITO

Quando eu estiver trabalhando não me venha com reclamações de que eu não paro! Não posso parar. A energia tem que ser consumida, canalizada, esgotada. Quem se cansa é velho!!

Você ainda não se tocou que você me impede de trabalhar? Você ocupa meu espaço mental, não espaço físico, de quarto *pra* quarto, mas sim de sonho *pra* sonho. De vida para ser vivida. De respiração a ser engolida. De não poder fazer barulho. Você já reparou quantas ideias grandiosas eu já tive e não pude registrar nas noites de "passo leve"? *Pra* não te acordar? Quantas, hein???

Ahhh minhas omissões...

1984

Já estou de saco cheio de São Paulo e suas mulheres “práticas”.

Queria uma mulher romântica cheia de besteirinhas como telefonar da rua *pra* mim só *pra* dizer “estou no supermercado e só telefonei para ouvir sua voz e dizer que estou com saudades!”

Uma mulher tímida que me olhe sem querer olhar, olhando *pra* baixo…

Uma mulher que me faça a surpresa de me acordar às cinco da manhã com carinhos se eu estiver na clínica. Chega de dureza, de lógica, de praticidade.

Eu peço a Deus que esta mulher ainda exista.

1987

APESAR DOS PESARES

Vou gostar de você
Como gosto do mar
Mergulhar em você
Me perder
Me encontrar.

Ai, como é linda essa vida
Apesar da miséria
Apesar dessa fome
Aquele beijo com gosto de coca
O meu coração bate e toca
Vale a pena viver.

1987/1988

Você roubou meu videocassete
E disse que foi um assalto
Você não quer deixar minha casa
Dizendo que empatou quatro anos de sua vida
Trabalhando como esposa.

Então é assim que você se revela
Você nunca foi fiel a si mesma
Gênio ou poeta a sua fotografia
Vai se revelar na grande mentira que você é
Pra você mesma
Só você mesma sabe que não tem talento *pra*
vida.

1988

SÃO PAULO, 27 DE JANEIRO DE 1989

Minha querida Kika,

Mais do que ninguém você sabe o quanto o destino tem me castigado. Felizmente estou em ótima fase de vida, trabalhando com muito entusiasmo e me preparando para um futuro que almejo. Nunca esqueci vocês, mesmo nos maus momentos, e hoje mais do que nunca lhe desejo. Confesso: chorei de saudades suas hoje ao ouvir as fitas de Elvis que você me mandou. A minha solidão ultimamente tem sido dolorosa, mas que jeito? Você está longe! Eu desejava estar com você e nossa filha. Estou me preparando para gravar um LP para WEA em fevereiro, logo após o carnaval. Assim que terminar esse trabalho irei até aí. Quem sabe se não voltarei com vocês? Isso é tudo que desejo. Sinto sua falta, sua companhia, seus carinhos. Desde setembro deixei Lena. Estou sozinho. Não esqueço de você. Vamos envelhecer juntos. Não me negue esse encanto de vida.

Quando eu chegar aí você verá a minha transformação. Cansei daquela vida artificial e miserável de drogas e álcool. Estou otimista com meu futuro e vocês estão incluídas nele. Acredite que não foi impensadamente que tomei a decisão de assumir vocês. Pensei muito e cheguei à conclusão de que é o que quero. Eu te amo muito. Perdoe-me as loucuras que fiz. Estou plenamente consciente das minhas responsabilidades para com vocês. Acredito que você ainda me ama.

Estou me cuidando, quero dizer, cuidando da minha saúde. Agora mesmo, no dia 25 deste mês, me submeti a uma cirurgia dentária para melhorar o visual. Estou fazendo shows com um amigo todas as semanas, você não imagina o sucesso da minha volta! Os convites estão chovendo a rodo, mas eu estou entrando de leve. Acho que depois de tanto sofrimento e experiências de vida, já estou preparado para suportar o grande (peso do) sucesso.

Pensei muito antes de lhe escrever; sei que será difícil para você tomar uma decisão depois de tudo que aconteceu. Vamos tentar outra vez, acredito que o destino nos unirá novamente.

Dr. Lélio está aplicando quase tudo que ganho para garantir um bom futuro para nós. Espero breve poder comprar um apartamento para nós. Talvez espere para você escolher comigo.

Tudo de bom para vocês,
com amor,
Raul.

1989

CLASSIFICADOS

Quarentão romântico. Situação financeira boa, artista de inteligência aguçada, magro, cabelos e barba ruivos (rala), pretendendo morar em Hollywood para dirigir filmes daqui a cinco ou seis anos.

Apaixonado, bem-dotado, procura uma companheira inteligente, careta, trabalhadora, sedutora, sem preconceitos, adulta intelectualmente e com vivência do mundo contemporâneo. Não importa que tenha filhos, pois serão meus também. Tenho de vez em quando uma cruz (+) na glicofita e saúde quase perfeita. Ansioso para nessa idade encontrar uma companheira para vivermos juntos e felizes.

Espero resposta pela Caixa Postal m. 743.

1985

"Eu como marido
sou uma merda total.
Como Raul Seixas
sou o homem ideal."

"Se eu quero e você quer
tomar banho de chapéu
ou discutir Carlos Gardel
ou esperar Papai Noel
faz o que tu queres
pois é tudo da lei."

Sociedade Alternativa
(Raul Seixas/Paulo Coelho - 1974)

FAZE O QUE TU QUERES, HÁ DE SER TUDO DA LEI

Eu li *Bhagavad-Gita* três vezes em minha vida. O *Bhagavad-Gita* é um livro antigo, hindu, uma espécie assim dos Lusíadas do Oriente.

A primeira vez que li foi aos catorze anos de idade, mas ainda não conseguia compreender a importância do livro. A segunda, aos 23 anos, por sugestão do meu professor de filosofia. Mas somente agora, quando li pela terceira vez, numa época em que todos os valores do mundo se modificam, é que pude compreender verdadeiramente o seu significado. *Bhagavad-Gita* quer dizer, em português, *Canto do Senhor*.

"Gita", apenas, significa "canto". *Pra* mim é um canto diferente, longe do convencionalismo das músicas e próximo ao soar de uma trombeta que acorda cada indivíduo para o que ele tem dentro de si sem que saiba.

Quando esse canto é entoado, desperta magicamente dentro de cada ser humano, abrindo as portas para uma verdadeira mutação de princípios e valores. *Gita* fala do homem, do seu duelo entre o que tentaram fazer com que ele fosse e o que ele realmente é ou sempre desejou ser. Hoje em dia, cada vez mais homens estão fazendo o que querem, e isso é a única grande atitude que se pode esperar de uma civilização que chegou ao ponto máximo de todas as esperanças.

O fenômeno mágico, que no momento presente invade todos os países e todas as línguas, infiltra-se desde o homem mais pobre até o industrial abastado, nada mais é do que o Novo Ciclo Cósmico que se inicia.

Gita é o canto mais antigo da humanidade, e que vem hoje nos anos 70 despertar de um estado de sonambulismo em que todos nós nos encontramos, como uma verdadeira dádiva, ou seja, a volta para o grande poder que existe dentro de cada homem.

Ninguém é igual. Cada homem e cada mulher é uma estrela girando em sua própria órbita. Mas a civilização, através dos séculos, não respeitou a integridade do homem, criando leis absolutas e tentando impor uma vontade comum a todos. Isso é a mesma coisa que entrar numa sapataria e mandar o sujeito só vender um número de calçado, sem respeitar aqueles que possuem os pés menores. E se o sapato escolhido não cabe em nossos pés, nós somos de qualquer forma obrigados a usá-lo. E usamos.

Dentro da nova lei que é mencionada por Krishna no *Bhagavad-Gita* e por Crowley no *Book of the Law*, "Faze o que tu queres...", o único objetivo do homem passa a ser a sua própria e real felicidade.

É preciso tornar a ser indivíduo outra vez.

E, mesmo que até hoje as nossas esperanças tenham sido frustradas, nesta Nova Era que se inicia o indivíduo compreenderá o valor de si próprio e se unirá a outros para o grande trabalho da autolibertação. Estamos começando um grande empreendimento e nossas portas estão abertas para qualquer ser humano que deseje unir-se a nós, não importando sua nacionalidade, religião, raça, bandeira ou cargo. Para isso foi comprado um terreno pela Sociedade Alternativa em Paraíba do Sul, onde construiremos "A Cidade das Estrelas", cuja lei será "Faze o que tu queres..."

Que *Gita* ecoe no coração dos homens e os faça levantar novamente a cabeça.

Um abraço,
Raul Seixas

1974

1 ok!

Gita

R.S e P.C.

As vêses você me pergunta
Porque que eu sou tão calado
Não falo de amor quase nada
Nem fico sorrindo ao teu lado

Você pensa em mim toda hora
Me come me cospe e me deixa
Talvez você não entenda
O que hoje eu vou lhe mostrar

Eu sou a luz das estrelas / Eu sou a cor do luar
Eu sou as coisas da vida / Eu sou o medo de amar
Eu sou o medo do fraco / a força da imaginação
O blefe do jogador / Eu sou, eu fui, eu vou.

Eu sou o seu sacrifício / A placa de contra-mão
O sangue no olhar do vampiro / E as juras de maldição
Eu sou a vela que acende / Eu sou a luz que se apaga
Eu sou a beira do abismo / Eu sou o tudo e o nada.

II

Porque você me pergunta?
Perguntas não vão lhe mostrar
Que eu sou feito da terra
Do fogo, da agua e do ar

Você me tem todo dia
E não sabe se é bom ou ruim
Mas saiba que eu estou em você
Mas você não está em mim

ANARKLAND

Vem, me dê a mão que eu vou te mostrar um lugar chamado Anarkland.

Situa-se nas proximidades da Ilha de Marajó e conta dez mil habitantes.

É um país onde não há governo central, seus cidadãos são seus próprios governos. É muito engraçado, porque todo habitante lá me diz que cada homem de Anark é o seu próprio país. São dez mil pessoas e lá não tem polícia porque lá não tem ladrão, e o fato de não ter ladrão é que o dinheiro não existe. Individualistas, ultra-anarquismo desenvolvido ao mais alto grau, Anarkland existe com audácia servindo de exemplo para os demais países da Terra de antiquadas concepções e ideologias políticas. Os demais países não têm absolutamente nenhum interesse econômico por Anark (considerado "riscado do mapa" dos governos como "país pobre"). Não processam riquezas minerais pois cada indivíduo tem seu próprio jardim onde as trocas se promovem entre si. Mantêm felizes os seus homens e os seus valores, que são completamente diferentes dos valores econômicos dos países totalitários, pois não há indústria, dinheiro, exploração, escravidão, loucura, empregados, somente GENTE. E gente não come ouro, petróleo. Gente come o que gente planta. A ilhota é tão pequena que o único veículo utilizado para locomoção são animais de montaria: cavalos, burros, bois, vacas e curiosas avestruzes gigantes que chegam a fazer 30 quilômetros por hora!!

Vamos neste momento entrevistar um anarkman, sr. Lemmiuns.

— Sr. Lemmiuns, o senhor não sente falta de ir a um cinema? Eu soube que não há nada assim por aqui. Diversões pública…

— Ah, ah, ah. Já fui muito fã de cinema quando eu morava na cidade… mas isso já faz muito tempo. Era quando eu era infeliz, e o cinema foi feito *pra* uma breve descarga da tristeza em troca de algumas risadas ou entretenimento. Como eu já não sofro, não preciso de paliativos tipo cinema, vê? O sistema autoritário é mais monstruoso do que se imaginava; a busca de desejos, vitrinas, se formar, ser rico, tudo isso não passa de uma tola fuga da infelicidade.

— O sr. acha possível uma tomada de consciência em massa neste aspecto? O sistema ruiria em algumas horas se, por exemplo, ninguém saísse de casa? Só por uma hora, que acha?

— Não acho provável, mas eu nunca me preocupei com essa loucura e problemas de escravos desde que me mudei para cá. Desde que me tornei um anarkman; se eles são escravos é porque ainda não estão fortes para sair da escravidão. Que apodreçam em recepções e reuniões políticas. Azar.

— Lá essa sua atitude seria tachada de burguês-acomodado-porco-egoísta.

— É possível que você tenha razão. Mas eu não moro lá. Aqui eu SOU.

— Pessoalmente eu não posso sair da cidade. Gosto muito de dinheiro, sr. Lemmiuns. O senhor não se sente nem um pouco confinado? Fora do mundo?

— Que mundo? Aquele desvario antagônico de valores absolutos? Eu sou livre *pra* partir *pra* onde quiser, mas eu não tenho razão para ir me afogar na lama do seu escravagismo!!!

(Ih, ih, ih! risada nervosa do entrevistador.)

— Desculpe se às vezes eu rio, é que eu acho uma loucura. Eu…

— Aqui nós já sabemos que loucura não é a que está escrita nos dicionários.

— Existe algo semelhante ou que se possa comparar com uma Constituição política? Uma carta, uma orientação geral?

— Não, não há uma regra geral e sim dez mil constituições sob o conceito: "Faze o que tu queres, há de ser tudo da lei" ou "Não existe Deus senão o homem",

1973

Depois de milênios esgotaram-se as tentativas de resoluções ideológicas/políticas para o perfeito equilíbrio do homem na sociedade. Não há mais dogmas, leis, verdades, todas são iguais; em todas elas existe um ponto em comum: o controle de uma ideia por um grupo sobre mil cabeças que pensam diferente. Cada um é o que sente ser e isso é imutável no homem. O Novo Aeon é um desses momentos em que a natureza e a ordem dos tempos determinam uma nova e fantástica mutação dos valores antigos. Fim da política careta. Cada qual é seu próprio dono e juiz, livre *pra* fazer e dizer o que nasceu *pra* ser. É o NOVO.

Um ponto de vista que destrói todos os conceitos e valores mantidos até hoje sem nenhum sucesso visível. Outra concepção de viver, da arte, da ética, religião, política inexistente, Deus, amor... um mundo novo onde só os que hoje já têm o olho-novo podem perceber; os que ainda usam olhos-velhos estarão sempre olhando o novo e aplicando seus mesmos valores velhos, pois o velho vê o novo com olhos velhos.

Essa é a visão nova da Sociedade Alternativa e seus membros brasileiros e estrangeiros. O amor do homem pela mulher é o ódio pelo fato de ela ser a caverna da entrada e também da saída. A entidade feminina é a fonte astuta, sorvedouro de amor do qual é o homem roubado.

— O fraco é aquele que não nasceu *pra* ser forte.

— Ser feliz é estar de bem com o único espécime que tu és. Seu deus.

— O diabo é quem nos informa o que se passa por debaixo da mesa.

— Sua vida, seu único bem, só pertence a você. Faça dela o que quiser.

— Nunca houve respostas, pois não existem perguntas.

— Sucesso é sua prova.

— Deus tem mais de mil nomes:

dinheiro
ídolos
gurus
carro
cigarro
drogas
o Salvador
livros
desejos insatisfeitos
sexo neurótico
status
sonhos
muletas
casa
hobbies
cinema
TV
rádio

e a pergunta POR QUÊ?

1975

Uma anarquia só tem fundamento no seio de um povo integralmente culto e civilizado.

Eu não tenho saco de escrever nem isso mas alguma coisa me resta. Eu não tenho saco de assistir nenhum programa de televisão com os argumentos horríveis e medíocres que existem.

Só me resta dormir, tomar meu neozine e dormir.Tomar insulina é horrível e ouvir Buddy Holly cantando 'Bo Diddley' é insuportável.

Dalva chega às 8 horas prá fazer café. E eu continuo sem ninguém. Eu não suporto estar comigo mesmo. Eu não me aguento. Há tempos que ando muito sério e sem graça.

O que eu queria mesmo era ter uma mulher que me fizesse dar uma risada qualquer, rir de qualquer coisa banal. Alguém que me ligue, alguém que me faça companhia para eu poder viver, viver é compor. I'm back. In the darkness… Writing oh yess. Lonely. Took my two pills. Been convincent with 'Toninho Buda' he's lost.

Aqui estou outra vez depois de ter apresentado Miguel com meu dentista Jerry Leiber. Ambos foram gentis. Maurício ficou acanhado, Miguel se mostrou bem à vontade. Tocou 'Do you miss N. Orleans', um jazz à moda antiga, eu liberei tudo cantando uma música típica de Elvis com Maurício, que eu sabia

que Miguel não sabia e com Miguel uma que Maurício ia ia admirar por ser Miguel um oldie jazz player… Woke up at 2 went to buy a black shirt. Aqui em minha casa eu posso deixar um livro aberto sobre a mesa do jantar e ler no outro dia no café. Ele fica lá.

Não tem ninguém pra mexer. O que eu queria mesmo era ter uma mulher que me fizesse dar uma rizada qualquer.

A coisa mais gostosa que tem é falar alto sem ninguém para ouvir exceto eu mesmo. A minha voz ecoando nos aires da solidão en-tediada. Eu sei que amanhã (dia de show) vou rir do que escrevi. É que a vida é uma coleção de momentos.

Vou esquentar meu peixe, pois a TV tem som e imagem. Me capta mais que o gravador, que o rádio, que a radiola. Eu quero assistir televisão, mas estou pensando que não vou aguentar assistir até tarde. Vou ver o jogo.

Agora!!! Estou com a TV ligada, que me anuncia um show. Sofrendo uma crise de solidão. É horrível. Aí a TV me recomenda um filme Promessa de Sangue, entre as irmãs Galvão. Eu boto um disco de New Orleans orquestrado e sento no fogão à espera da panela quente. E eu canto no fogão. Eu canto à beira do pantanal (do fogão). À espera do rango que eu tô cozinhando.

Eu também conheço o plano escovar dentes…

Aí então o mundo todo estava com um pano no pescoço, e o chefe dos soldados gostou e disse que todos tinham que usar aquilo. Foi assim que até hoje (mesmo no calor e mesmo sem pescoço grande) é que seu pai usa gravata.

Tia Lúcia gosta muito de diamantes e perfumes franceses. Ela gosta porque diamante é uma pedra muito difícil, poucas pessoas têm, e ela acha bonito. Eu não gosto porque não preciso mesmo, mesmo, dele. Ele só fica ali pendurado no pescoço, e além disso ele não serve para brincar. E outra coisa, eu sou uma pessoa diferente dela e é por isso que ela gosta de diamantes e eu não.

Vamos fazer um brinquedo: vamos inventar uma palavra qualquer. V-a-l-o-r. O que que isso quer dizer? Valor é a maneira de cada pessoa ser diferente das outras. Cada um dá "valor" àquelas coisas que cada um gosta, certo? É como dar nota. Eu dou nota 10 a minha bicicleta e dou 0 ao diamante. Eu tenho um valor para cada coisa do mundo. Eu tenho muitos valores, quer dizer, tenho muitas notas que eu dou a tudo que eu gosto e que eu não gosto. Todo mundo tem também seus "valores", suas notas. Quer ver? O padre. O valor dele é a reza. Ele acha que se a pessoa rezar vai sempre estar contente. Mas o padre, coitado, ele não sabe que tem gente que está contente sem precisar rezar.

Eu não gosto de ficar triste. Ficar triste é chato, porque a gente só fica triste quando está fazendo o que não gosta. Veja só, porque se você está fazendo o que gosta você só pode estar feliz da vida; e, por falar em vida, você sabe o que é vida???

— Vida é viver contente. Basta você fazer o que gosta e nunca o que outra pessoa diferente de você lhe manda fazer. Claro, né? Aí todo mundo ficava vivendo contente.

— Mas como é então que pode tanta gente diferente um do outro viver junto assim como lá na cidade? Parece que todo mundo é igual porque todo mundo trabalha, e se todo mundo trabalha é porque todo mundo é igual.

— Não, tem muita gente que trabalha porque se não trabalha não tem dinheiro *pra* comprar comida e aí ele morre magrinho.

— Quem inventou o dinheiro?

— Não sei quem, mas foi um homem alto e louro. Mas isso foi há muito tempo.

— *Pra* que o dinheiro?

— O dinheiro foi feito para que todo mundo tenha que trabalhar para comprar comida. Se não trabalha não come. Você trabalha para alguém e essa pessoa lhe paga, lhe dá o dinheiro.

— Mas então quem trabalha e não gosta é uma pessoa muito triste, coitada.

— Pois é, mas você não deve ter pena dela porque se essa pessoa não faz o que gosta é porque é burra e não sabe como é fácil ser feliz.

1976

Não acredito em política.

Os sistemas políticos já estão deteriorados e os fatos provam isso.

Para mim os velhos esquemas ideológicos, dentro da chamada "linha lógica", são uma enorme colcha de remendos.

Já que esses velhos e tradicionais esquemas ainda existem, votem em mim para deputado federal nas próximas eleições.

Quem sabe?
Chapa MDB
Partido Sociedade Alternativa
Lista de Valores Deteriorados
Belo e feio
Economia
Materialismo e Espiritualismo
Todos os sistemas políticos até hoje
Todas as ciências existentes
Escola e educação
Concepção geral de sexo
Bem e mal
Matemática e sua lógica
Ad Lib... com toda cultura.

1978

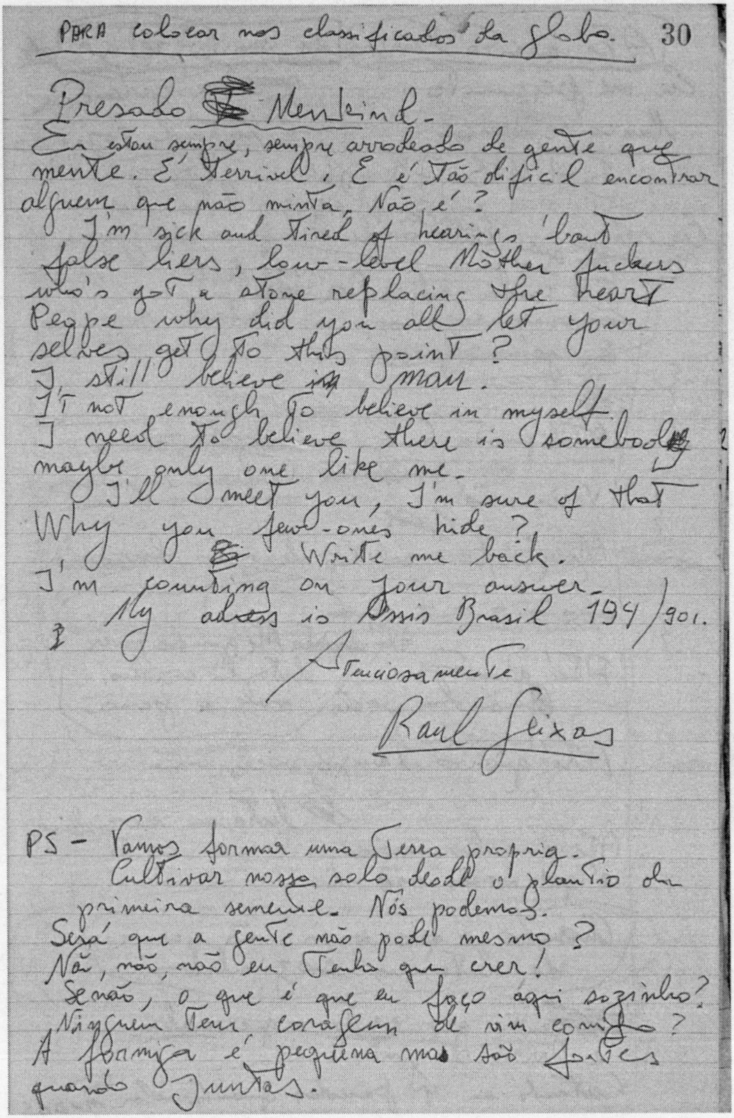

PARA colocar nos classificados da globo. 30

Presado Menkind.

Eu estou sempre, sempre arrodeado de gente que mente. É terrível, E é tão difícil encontrar alguem que não minta, Não é?

I'm sick and tired of hearing 'bout false liers, low-level Mother fuckers who's got a stone replacing the heart

People why did you all let your selves get to this point?

I, still believe in man.

It not enough to believe in myself

I need to believe there is somebody maybe only one like me.

I'll meet you, I'm sure of that

Why you few-ones hide?

Write me back.

I'm counting on your answer.

My adress is Assis Brasil 194/901.

Atenciosamente

Raul Seixas

PS – Vamos formar uma Terra propria.

Cultivar nosso solo desde o plantio da primeira semente. Nós podemos.

Será que a gente não pode mesmo?

Não, não, não eu Tenho que crer!

Senão, o que é que eu faço aqui sozinho?

Ninguem Tem coragem de vir comigo?

A formiga é pequena mas são fortes quando juntas.

Prezado mankind,

Eu estou sempre rodeado de gente que mente. É terrível. E é tão difícil encontrar alguém que não minta, não é?

Estou cansado de ficar ouvindo estórias de mentirosos, baixo nível, gente que tem uma pedra no lugar do coração. Gente, como deixaram que isso acontecesse a vocês? Porém eu ainda acredito no ser-gente. É chato se sentir sozinho; eu gosto de pensar que ainda existe alguém parecido comigo.

Vou continuar procurando.

— Ei, por que os bons ficam se escondendo? Escrevam de volta.

Meu endereço é Assis Brasil, 194/901.

Atenciosamente,
Raul Seixas

P.S.: Vamos formar uma Terra própria. Cultivar nosso solo desde o plantio da primeira semente. Nós podemos. Será que a gente pode mesmo? Não, não, eu tenho que crer!! Senão, o que é que eu faço aqui sozinho? Ninguém tem coragem de vir comigo? A formiga é pequena, mas elas são um exército quando juntas.

1979

Livrar-se de todo seu passado, ponha à parte todo aprendizado e só assim poderá saber o que é viver. Viver é morrer, morrer todos os dias para tudo aquilo que lutamos para alcançar e que acumulamos.

Morrer para a nossa própria importância, nossa autocompaixão, nossa tristeza, para os prazeres e agonias dessa coisa chamada viver.

Transcender o impossível. Só há amor quando nenhuma autoridade existe.

Essa coisa “autoridade” é uma das coisas mais perigosas da vida. Eu não quero ser “autoridade”. Nós temos e podemos criar um mundo novo. Ó gente! Eu estou perguntando a vocês, cabe a vocês achar essa resposta.

Se aceitar a verdade de outrem não será a sua resposta. Há um imenso trabalho para fazermos juntos, isso nos acrescenta uma enorme responsabilidade. Devemos ser revolucionários; dentro em nós deve se operar uma profunda revolução psicológica.

1980

DECÁLOGO

Ao pé do monte Sinai
A voz do anjo gritou
O solene momento do início
Da soberania do Estado-Senhor
A trombeta fatídica da lei
Que o mundo inteiro escutou:
Não te reunirás
Não imprimirás
Não lerás
Respeito aos que te representam
Fiel vais pagar o orçamento
Vais amar o teu governo
Que é teu Deus e Senhor.

1984

Não tenho compaixão pela humanidade.
Não tenho compaixão pelos incapazes.
Membros da Sociedade Alternativa: ajudem-me a combatê-los!!
Compaixão pelos débeis é o mais pernicioso dos vícios.

1989

"Eu avalio o preço me baseando
no nível mental que você está
aí usando
e aí eu lhe digo o preço
que a sua cabeça agora está
custando."

Metrô Linha 743
(Raul Seixas - 1984)

Quando eu ensinava inglês há uns dez anos, fui expulso do instituto pois um dia, em vez de aula, pedi em plena classe que cada aluno fizesse ali na sala o que bem quisesse fazer. *Pra* minha alegria, vi setenta deuses sendo cada um o que eles eram: uma jornalista com batom vermelho-escuro pintou todas as paredes com desenhos tão bonitos, ela gostava de pintar; um garotinho tira uma gaita do bolso e começa a tocar enquanto um outro, em pé, recita pregando que é egoísta. Uma senhora tira a roupa e fica nua *em pelo* em cima da carteira que eu me sento gritando que o clima da Bahia não comporta rouparias. Disse ela: "Alguém espalhou um boato que o corpo humano, que a natureza fez igual *pra* todos, era pecado e ninguém podia ver". Um outro aluno era um padre respeitado, cheio de pano todo abotoado, levantou-se e foi ao quadro escrever sua confissão: "Eu, padre fulano, aqui confesso sem enganos que ninguém é pecador! De hoje em diante vou ser um mercenário procurando mundo afora o inventor-impostor que o pecado inventou".

Eram uns setenta alunos, velhos, moços e crianças numa aula de inglês. Eu sentado observando que também me traía a fazer o que não queria, pois o que eu queria mesmo era compor e cantar o que sentia. *Rock and Roll* e *Twist & Shout*. Nisto, dona Angelina, que era bancária, me deu uma surpresa retada quando fez o que gostava, que era fabricar granada *pra* soltar em São João. Foi quando a explosão derrubou o paredão, mesmo não sendo São João, me apareceu o diretor. Vendo a sala louca o diretor abriu a boca, pois não entendeu aquela aula, e nos deu a maior lição expulsando eu e todos ex-alunos do inútil. Hoje o diretor ainda *tá* lá no instituto dirigindo e dirigido.

O rapaz da gaita toca blues numa boate duma rua em New Orleans, enquanto a jornalista expõe seus quadros surrealistas no Museu de Imagem e Tom. O padre achou num livro o autor do tal "pecado" e agora escreve e é bem lido, o *best-seller* mais vendido. A sua tese explica que "pecado" foi só um mal-entendido. Dona Angelina, ex-bancária da esquina, *tá* numa fábrica de minas do governo dos States e fabrica suas granadas hoje já atomizadas.

Eu, que vocês sabem, *tô* cantando o que penso sem patrão, sem dono ou rei vou fazendo o que eu quero porque tudo é da minha lei. Sou o que eu canto e minha voz não fica rouca. Já fui a mosca na sua sopa, metamorfose ambulante, transformo ouro de tolo em ouro puro em um instante e Al Capone é meu ajudante. No meu signo de câncer eu tenho a cor do luar, sou também a luz das estrelas, óculos escuros guardam meus olhos seguros que os ladrões querem roubar, pensando tolamente que olhando com meus olhos vão ver o mesmo que eu.

A moral da história é que não é uma história, nem sequer tem uma moral, pois o novo é sempre velho *pra* quem vê com olho velho, que o velho olha sem saber a explicação.

1977

“COSTURANDO FIRME”

O terror no peito
Quando o último filme
Da TV termina
Escrito *The End*
Domingo seu relógio triste
Sino que badala certo
Que outra segunda-feira
Vai ser mais uma feira
Coração que compra
Riso Tupiniquim

E minha vó continua viva
Costurando firme o seu tricô.

Não é simples queixa
Tipo de ser coitado
É bem mais profundo
Que Charles Chaplin
Coração que tem
muito mais cavalos
Comparado a Jumbo
Grande, tolo Hulk
Barulhento rosna

E minha vó continua viva
Costurando firme o seu tricô.

O que é? O que é? (adivinhação)
Diz: “Quem vê cara
Não vê coração”
Coração calado aberto

O muro é meu caderno
O povo meu poeta
Quanto custa a hora
Que te aluga o dono desse botequim?

E minha vó continua viva
Costurando firme o seu tricô.

Quanto vale a pena
Coração calado,
Seu ponto marcado
Ser um homem honrado
Sem coração, mas fala
Enquanto o seu se cala
Marca só compasso
Marca touca, marca tempo, marca passo.

1981

O BANQUETE

Ao entrar na porta principal vi todos os hóspedes sentados em volta duma grande mesa deliciando-se num banquete de pombos. Pombos vermelhos de sangue, mortos pelos próprios garfos de prata antiga que dr. Lírico encomendou para o jantar.

Dom Romano se fazia ajudar por um pontudo crucifixo de ouro maciço para penetrar na barriga da ave e tirar suas entranhas.

— Que mandem entrar as prostitutas! — grita o dr. Lírico impressionando seus convidados com um harém digno da opulência salomoniana. As prostitutas voltam-se enojadas ante a cena do banquete que presenciam.

— Porcos! — elas gritam.

— Quem são elas para chamar-nos de porcos? — levanta-se enfurecido o jovem filho do dr. Lírico e atira um pombo vermelho sangrando no rosto da primeira da fila. A prostituta, com seus olhos roxos de noites de luxúria, arranca das vestes um urubu vivo e solta na sala. O urubu esvoaça espantado e pousa no candelabro principal do teto, e saem todos correndo porta afora num vozerio das mariposas que são.

Surge da cozinha um homem negro e

alto com uma venda negra nos olhos segurando uma enorme bandeja prateada.

— Ah, a Bíblia!

Dom Romano toma da bandeja um livro preto e lê o versículo: Lucas 12.49: "E Jesus disse: eu vim para lançar fogo sobre a Terra e bem quisera que já estivesse a arder".

1971

O dia se apresentava como que envolvido por uma névoa branco-acinzentada e chegava a lembrar o famoso *fog* da Inglaterra. No ar pairava uma coisa mágica que só os ingleses também sentem como uma coisa natural, que faz parte deles, que nasceu com eles. Eu caminhava absorto e atento ao mesmo tempo, completamente envolvido por tudo o que estava à minha volta, e ao mesmo tempo completamente tomado pelo ambiente que me envolvia em seu clima a cada instante, me levando a esquecer que existia qualquer outra coisa que não fosse aquilo. E foi nesse estado que de repente fui tomado de surpresa e "volta à realidade" por um barulho alto, estridente e agressivo pela surpresa com que se fez ouvir. Parei como um gesto de defesa e precaução instintivo, sentindo o coração acelerado e o sangue correndo em todo o meu corpo, me colocando todo em posição de ataque contra o que havia se intrometido em minha privacidade de uma maneira tão inconveniente.

E qual não foi minha surpresa ao deparar com um ser nunca visto por mim nem parecido, em qualquer parte do mundo ou em qualquer coisa. Era como um velho de longas barbas brancas, nu, magro, mostrando as costelas que lhe pulavam no corpo, os cabelos longos e lisos caídos pelas costas e braços finos e ossudos, um sorriso meio sarcástico dentro de um ar inteligente (gosto muito de pessoas com ar inteligente) e um olhar azul onde se podiam ver claramente uma segurança e uma certeza de saber que ali o que podia conduzir as coisas era ele, e não eu como sujeito fraco e medroso com o fato de temer o inesperado.

— Ei, você também é um inesperado para mim (disse ele como se eu tivesse dito qualquer coisa a esse respeito), pois nunca o vi antes e você invadiu o meu ponto.

Quase sem conseguir balbuciar qualquer palavra, respondi:

— Que… Que é você?

— O que você quiser que eu seja — respondeu-me, como se isso fosse fácil para mim de entender.

Depois de alguns segundos, sentindo aquela presença que me fixava e transmitia milhões de sentimentos nunca antes experimentados por mim, tentei entabular uma conversa…

— Olha, não estou entendendo nada, não sei como nem de onde você apareceu, mas o que é que você quer?

— Ora — disse o velho —, como já disse, você entrou no meu ponto. Eu estava descansando aqui quando você me pisou me ignorando completamente. Você acha que pode sair por aí pisando nas pessoas, como se elas não existissem?

— Mas eu não o vi. Não havia nada aqui a não ser essa árvore, algumas pedras e grama…

— E você diz que isso é só? Eu sou isso tudo. Eu sou a grama deste lugar, e estando em contato com a árvore sou também um pedaço dela, e as pedras também me compõem.

— Ora, mas isso existe em todo esse lugar, e até agora não havia ninguém reclamado nem comigo nem com ninguém. Onde estão os outros?

— Ah, eles normalmente quando veem vocês (humanos) se aproximando, ou se escondem embaixo da terra ou voam e ficam esperando que vocês passem para que possam voltar aos seus devidos lugares. Mas eu já estou velho e me cansa muito todo esse exercício de subir e descer. Vocês deveriam sentir mais as coisas em volta de vocês, não acha?

— Sim… sim, você está certo, mas realmente estamos acostumados a fazer isso como se fosse nada.

— Ah, ah, aí é que está. Vocês não querem se aperceber do que existe porque é muito mais cômodo desconhecer do que tomar consciência, não é? Isso implica cuidado, cautela, respeito e consideração, e *pra* vocês já pude notar que é bastante difícil. Oh, vocês são tão complicados. É só uma questão de despertar os sentidos e desenvolvê-los, já que eles fazem parte de vocês. Mas sente aí. Não há ninguém por perto no momento.

Aceitei o convite e sentei ao lado daquela figura que se espalhou pelo chão como uma sombra-água, sem forma e descontraída.

Seus olhos agora estavam fixos numa folha que lhe roçava os lábios, e comeu-a inesperadamente.

— OK, venha comigo. — E, sem me dar tempo para pensar, levou-me com ele para sua forma, para seu mundo.

1977

O dia já estava amanhecendo.

As cortinas não estavam completamente fechadas e tinha uma brecha por onde a claridade exageradamente branca entrava. Me incomodei com a paranoia de um galo que jurei que iria ter a paciência de, quando eu estivesse numa boa, durante um dia de domingo, eu ia achar aquele puto de galo que começa a cantar direto assim que a primeira luz do dia pinta, eu ia achar ele, amarrar o bico dele com bastante fita durex, trazer o sacana *pra* casa e botar ele no freezer da geladeira *pra* ele morrer de frio e *ca-la-do*.

Comecei a ficar deprimido com os sons da rua e o começo do dia que era ontem e que agora deve ser anteontem.

Sempre me esqueço que tenho que dar corda no relógio. De 15 em 15 minutos eu costumo escovar os dentes com pasta sabor hortelã, *pra* eu sentir que sempre está começando de novo.

Me lembrei, de repente, que nunca teve um relógio na casa.

Em casos como este eu dou uma represália em mim mesmo e mijo nas calças e fico com elas molhadas. Falta pouco para eu ir *pro* escritório; estou com uma cara horrível. Vou ter que me disfarçar para poder sair. Fechei o olho esquerdo mas deixei o outro aberto *pra* poder enxergar na rua.

Estou disfarçado de caolho.

ZÉ NOGUEIRA É FOGO!

Zé Nogueira é um rapazola gorducho e usa uns óculos com a lente mais grossa do planeta Terra. Ele não gosta de "lugar de fora", sabe? ("Lugar de fora" *pra* fugir do carnaval da cidade.) Sempre resmunga:

— Só tem árvores e coisas da natureza. Coisas que fazem bem à saúde: ar puro, verde e árvore.

Zé Nogueira toca violino clássico e lê partitura tão bem que uma vez tocou uma mosca que pousou na pauta de sol.

Enfiando sempre sua cara de óculos na frente das gaiolas de passarinhos, ele enxerga o canário amarelinho (que ele eletrocuta com seu "fio-de-alta-voltagem-de-matar-canários-amarelos-que-se-metem-a-querer-fugir-pro-bem-da-ecologia". Esse é o nome que ele botou no fio). Eu sou amigo do Zé Nogueira mais por interesse, porque ele é de família rica e é piromaníaco e quem faz o tráfico de pacotes de fósforos *pra* ele (escondido da família) sou eu. Ele me paga caro por uma simples caixa de fósforos. Tudo é elétrico em sua casa, nada de chamas, nada. Seria um perigo. Zé Nogueira fica riscando um fósforo atrás do outro bem pertinho dos seus óculos (*pra* ver a chama queimar o palito até o fim). Incendeia tudo: lagartixas, passarinhos, galinhas e mato. Odeia água! Como odeia! Joga querosene nos rios e risca um fósforo. A água ganha *pra* ele; ele sabe que a água ri dele porque ele tem que beber água como todo mundo tem que beber água.

Ama o cimento armado; seu violino é de zinco e tem um som de lata de querosene. Acredita na Bíblia porque diz lá que desta vez o mundo vai acabar em fogo. As cidades de concreto ficarão eternas como as pirâmides do Egito, porém a mata perecerá.

Seu pai, o rico ecologista Florostávio, tem um sítio de miniatura em casa. Eu sei onde ele esconde o sítio por causa do Zé Nogueira. Eu o vi engolindo o sitiozinho inteiro, pois dentro do estômago o sítio está a salvo. Pela manhã ele vomita o sítio, brinca com ele e de noite engole de novo.

Hoje eu prometi contar a ele onde tem um "sitiozinho lindo e verde *pra* ele tocar fogo".

1983

TAKE I

CÂMERA 1 — situada num 5º andar dum prédio do outro lado da rua. Velha solitária e seu televisor:

— Desculpe, senhora, nós somos do Serviço Secreto Internacional do Olho. Eis as nossas credenciais. Somos permitidos de olhar qualquer coisa em qualquer lugar. Podemos entrar?

— Entrar *pra* quê?

— *Pra* olhar, só *pra* olhar e mais nada.

— Já que é assim, entrem e olhem; só vão ver um televisor.

— Onde está que não vejo??!

— Ahnn… Eu escondo a verba na imagem dos comerciais, porque assim evito que o ladrão que vê filme policial roube os produtos que a vaca me oferece sem cobrar nada.

1983

PERGUNTE AO TIO JOSÉ

Quando parece não haver um jeito novo ou diferente de não ser igual aos chatos, cotidianos imbecis que você conhece...

Quando ainda aparece na TV um político sério metido em óculos de míope, insistindo em palanfroriar fome e miséria, discorrendo e descrevendo sem dar uma solução,

Quando você chora de angústia e dor pelo que corre solto sem vergonha, pelo jogo preparado do xadrez padronizado,

Ou quando o seu sonho se desfaz em desesperança do seu homem presidiário morto sem saber na multidão duma cela superlotada,

Por que você não escreve
Pra coluna do Tio José
Ele responde tudo
Qualquer pergunta que você quiser!

Quando os padre-nossos rezados na igreja não lhe atendem o pão pedido para os oito filhos encatarrados da sua favela,

Quando no palácio o banquete de mil talheres a abundância não comida é comida pelo caminhão do lixo dentro do negro pacote de plástico de madrugada,

Ou quando você vence o urubu do vestibular e pasta de boteco em boteco pedindo ao português ou espanhol um lugar de cozinheiro,

Por que você não escreve
Pra coluna do Tio José
Ele responde tudo
Qualquer pergunta que você fizer!

1983

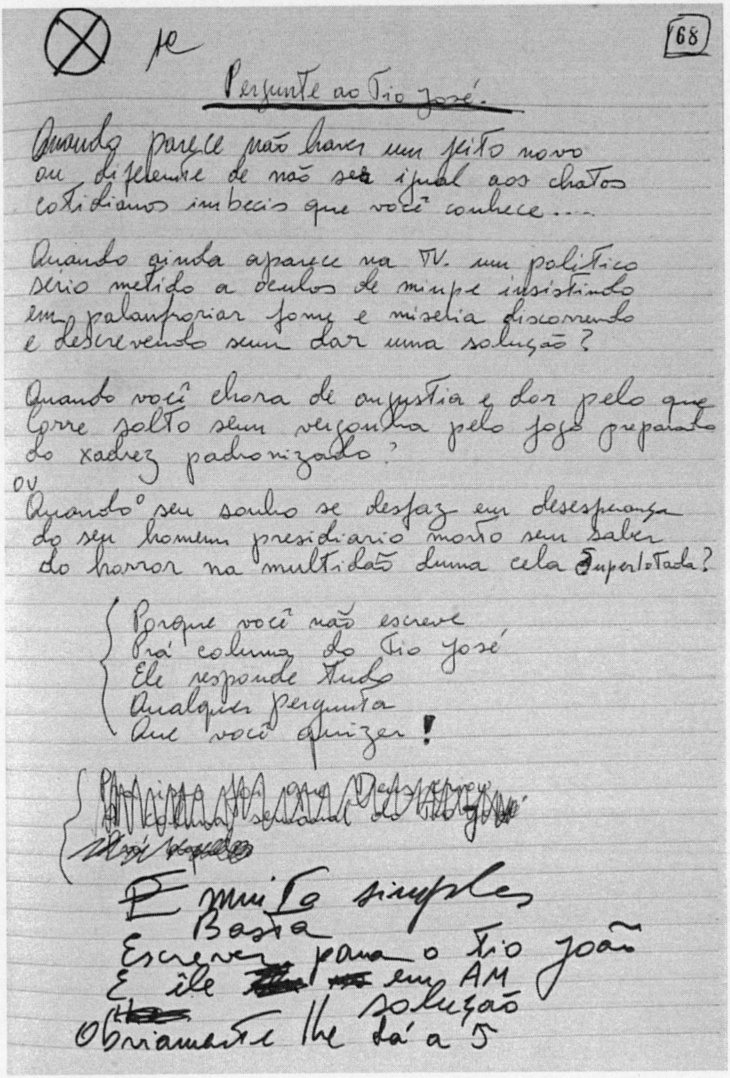

68

Pergunte ao Tio José.

Quando parece não haver um jeito novo
ou diferente de não ser igual aos chatos
cotidianos imbecis que você conhece....

Quando ainda aparece na TV. um político
sério metido a óculos de miope insistindo
em palanfroriar fome e miséria discorrendo
e descrevendo sem dar uma solução?

Quando você chora de angústia e dor pelo que
corre solto sem vergonha pelo jogo preparado
do xadrez padronizado?

ou

Quando o seu sonho se desfaz em desesperança
do seu homem presidiário morto sem saber
do horror na multidão duma cela superlotada?

Porque você não escreve
Prá coluna do Tio José
Ele responde tudo
Qualquer pergunta
Que você quizer!

É muito simples
Basta
Escrever para o Tio João
E êle [illegible] em AM
Obviamente lhe dá a solução

Acordei com medo de sair na rua
Precisava me disfarçar
Senti-me seguro, ninguém iria me notar
Peguei um copo no armário
E saí aliviado pois estava disfarçado de copo.
Eu era um copo andando na rua, assim…
Cheguei no escritório esquecido que era um
copo
Não me culpei dessa vez quando a faxineira
Me bebeu com café e suíta de três goladas só,
Botei o copo lá na bandeja de cafezinho
Ao me ver surgir, a faxineira logo me deu
bom dia
Perguntei a ela que dia era hoje
Ela mostrou meu engano;
disse que o dia era ontem
Risquei um palito de fósforo e queimei a
caixa toda, era fósforo Lux. Novinho
Fiquei com uma agonia danada
Pois depois de cagar ralo na latrina
Vi que não tinha papel de limpar
então tive que botar as calças
com o cu melado de cocô
Fui me sentar na carteira *pra* trabalhar
Aí, esqueci meu nome e botei logo um outro
Pra que a secretária do chefe
pudesse um dia, quem sabe,
Me chamar.
Aí, os bombeiros chegaram atrasados *pra* burro
para apagar os fósforos
que queimei naquela hora que soube
que a faxineira me disse que o dia era ontem

1984

“Ri melhor
quem ri
mais alto.”

MALUCO BELEZA

- Raul Santos Seixas/Claudio Roberto Andrade de Azeredo -

Enquanto você se esforça pra ser
um sujeito normal
e fazer tudo igual

Eu do meu lado, aprendendo a ser louco
um maluco total
Na loucura real

Controlando a minha "maluquez"
Misturada com minha lucidez

Vou ficar) Refrão
Ficar com certeza)
Maluco Beleza)

E este caminho que eu mesmo escolhi
É tão fácil seguir
Por não ter onde ir

Controlando ... ...

Solo

Controlando ....

Refrão { Vou FICAR

"Enquanto você se esforça pra
ser um sujeito normal
e faz tudo igual
eu do meu lado aprendendo
a ser louco
um maluco total
na loucura real
controlando minha maluquez
misturada com minha lucidez."

Maluco Beleza
(Raul Seixas/Claudio Roberto - 1977)

COMETA EXPRESS

Já entrei vinte vezes no escritório
do psicanalista
Depois paguei o médico e depois fui
ao dentista
Pra ver o que que eu tenho e não
consigo dizer

Perguntei a toda gente que passava na
rua
Ao patrão, à minha sogra, a São Jorge
na lua
Mas nenhuma dessa gente conseguiu me
responder
Por causa disso eu fui *pra* casa e
fiquei pensando
Se era eu que estava errado com as
minhas maluquices
Ou se era todo mundo que estava me
enganando

Arrumei a mala, deixei as perguntas
na minha gaveta
Procurei saber o horário do próximo
cometa
Me agarrei em sua cauda
E fui morar n'outro planeta.

1972

Estou farto de engolir a mesma sopa em pequenos quartos de hotéis. Está faltando paciência para aturar o velho circo e seus palhaços medíocres. Enquanto o tempo voa fora desse porão, continuo comendo restos de livros lidos. *Nada de novo no Front.*

O cerco dos incansáveis altruístas malucos; todo dia é dia de hospício aberto. A insanidade está solta. O preço está alto. Está difícil ser pessoa por aqui por entre as caras oleosas das quimeras de cera. À noite as máscaras são penduradas para o uso no dia seguinte.

Minha lucidez me assusta. Me nego a ser corrimão de escadas perigosas. É mais ou menos aqui que eu fico. O paraíso e o inferno da clarividência. Espero novidades em vão.

Eu queria tanto um amigo daqueles que ficam escondidos em casa maldizendo tudo que é banal. Nunca são encontrados perto das barracas na praia!! Um amigo com uma camisa pequena demais e mal-apanhado. Um mal forjado. Onde é que eles se meteram? Eu escolhi o mais complexo dos trabalhos: ser um artista num país como este.Não me importam meus discos de rock…

Agora não é hora de rock.

Eu tenho preguiça de ser normal. Dá um trabalho *retado.*

I got some godamed crazy feelings. I go nuts.

I'm 33 but there's a lot of messed up stuff inside of my body.

Bloody pancreas, what in the hell couldn't that organ of mine take that boose alright?

Mazola asks about my health. Fucker.

Disco pronto. *All right.* Não vai ser fácil. Eu não vou dar paz a eles.

1979

SANGRILÉGIO

Eu acordo de madrugada
Eu acordo com quase nada
Areei meus dentes
Penteei os cabelos
Enxaguei meu rosto inchado
Me armei da 007
Me meti no paletó
Quase me enforquei no nó
Da minha gravata
                    Um beijo na minha mulher
E dezessete beijos e meio
Um em cada filho meu
Meninada que eu tenho estima e
afeição
Eu sou bancário
Meu banco é de sangue
Eu sou bancário
Eu jorro meu sangue
Eu sou bancário
Os olhos de Drácula
Pousam sobre mim
Firme, na escuta do PBX.

1970

45

Sim, curvo-me ante a beleza de ser.
Às vezes, zombo de mim mesmo ao término
de uma inteligente e aguçada constatação.
Ermitão do insólito, poeta da dúvida.
Entretanto duvido a dúvida por ser dúvida fruto
de uma premissa lógica.
Mas nego, afirmo e não duvido de nada.
Prisioneiro sem grades do silêncio eterno.

Sim, curvo-me ante a beleza de ser
Às vezes zombo de mim mesmo
ao término de uma inteligente
e aguçada constatação
Ermitão do insólito, poeta da dúvida
Entretanto duvido a dúvida por
ser dúvida fruto de uma
premissa lógica.
Mas nego, afirmo e não duvido de nada.
Prisioneiro sem grades do silêncio eterno.

1971

Quando cessaram as perguntas achei-me aqui, no meu gabinete, cercado de livros tolamente sérios diante de um momento histórico que acabara de existir.

Esgotaram-se as possibilidades. Já tinha feito tudo com meus 29 anos. Nada mais me interessava. Aí foi o começo do meu renascer para Raul Santos Seixas (1974). Sentia, tocava, compunha, bebia, fumava maconha, cheirava cocaína, cultuava a droga. Abandonara a esposa e a filha.

O culto ao não-rotulado
O culto a Raul Seixas!

Baco! Dionísio! Sim.

Agora é madrugada de mais um dia de fracos escravos e eu estou bêbado! Bêbado e apaixonado de êxtases por Ti, meu Deus!

Estou emaconhado noite adentro pensando no que sinto por Ti, e por tua beleza total que minha mente se abre sem cansaço sob o efeito da cocaína com que te amo! Ó inocente impiedoso!

"Faze o que tu queres,
Há de ser tudo da lei."

Eu cultuo as drogas da vida! Eu me pinto de batom! Eu sou o que penso e faço. Aprendo com um Mandrix que não devo dormir agora pois é grande e árdua a tarefa que tu me revelastes: dar continuidade à roda eterna.

Faço da minha loucura mental meu êxtase de viver livre. Cabe a mim. Existem os que são e os que não são. Só. A mim coube ser aquele que provo ser.

Estou louco, belo, cocaína correndo irrigando meu cérebro, dando os ombros aos que dormem agora sem maconha e bebidas. Eu sigo sentindo. Meu trabalho é como a teoria do consciente-coletivo-arquétipo-contínuo-infindo. A ti, guerreiro do Novo Tempo, tudo o que faço. Quem sou eu ante tamanha grandiosidade?

Farei agora mais uma fileira de pó que cheiro como se queima incenso. Pecado é negar o inferno!

Meu pulso firme não porta relógio que marca para os tolos o tempo de pensar na vida e pensar na morte. Doido varrido eu! Sim, posso. Escutem-me: ninguém tem o direito de me privar de beber, fumar, cheirar e comer cocô num quarto trancado. A supressão dos meus prazeres se tornará uma perigosa ameaça para aquele tolo carrasco. A vida é prazer, homem! Eu te abandono, mulher cega!!!

Eu sou uma estrela
Tu és outra estrela.

A infinita distância existente entre dois seres só pode ser abolida pelo amor.

Já sei o nome do chamado anjo-guardião. Quando ele me disse eu brindei com álcool a revelação do nome que eu conhecia há milênios. Vou leiloar meus livros! Não me interessam mais. Escrevo o meu próprio. Ele falou comigo em claro português. Do Aeon, de amor, da A.A. de mim, do sol, da responsabilidade que me cabe, de sexo, do que é o ego.

(fumo outro baseado)

Não mais me arrependo! Não mais me envergonho!! Tenho direito de ser o que sou; procurar meu lugar no Universo jamais seria perturbar outrem, pois existe um lugar para cada homem, cada mulher.

Ontem, na negra treva da razão, eu negava o ilógico que eu sentia com a desculpa de ser "esquizofrenia paranoica" ou "culpa das drogas".

Minha resistência já não tem limites. Meu corpo passa a ser subordinado pela minha vontade. Sou

1- escritor
2 - músico
3 - poeta
4 - alcoólatra
5 - narcisista
6 - gênio
7 - cientista da alma
8 - ah! ah! ah!

1974

O escarlate é batom

Adoro e detesto perguntas
Vou passar dez dias em Salvador
Sem dar trelas a ninguém
Na minha mesmo.
Na minha mesmo Família
Minhas três famílias:
Edith e Simone
Glória e Scarlett
Tania e eu
Quando eu digo que estou só
É que não existe mais o socorro
O socorro irreal das minhas elucubrações
Eu sou um homem
E para tal é necessário saber que
Só posso contar e confiar em mim
Eu estou e sou. Dependente de algo?
Falta algo para eu poder pelo menos ser
Estável ou louco sem saída???

1979

Eu, minha lanterna e o peixe Felipe.
Cheio de coisas para botar *pra* fora e não
tenho quem ouça.
— Quem tem um ouvido aí?
O que eu despejo no papel do caderno?
Caderno tem ouvido? Será que ele entende
minha angústia? Será que as linhas
frias do caderno me bastam? Ahhh!! Que
besteira enorme é escrever, e no entanto
se não o fizesse eu por certo morreria…
Mas… Morreria de fato… mesmo. Escrever…
escrever… escrever…
Tudo já foi escrito; mas não importa.

1984

Não tem jeito não tem cura todos marcham *pra* loucura

Um, dois, três, marchem, marchem zumbis

— Eu nunca pensei que você chegasse a esse ponto!

Hoje minha tia caiu dentro da máquina de lavar roupa

Minha vó continua viva costurando firme o seu tricô

Triscou, pegou

Mamãe mordeu meu dedo

Papai dormiu mais cedo

— Cortaram-me a língua, mas ainda falo pelo nariz

O vento passou e não voltou

Sax. Sexo. Saco

E eu vou pisando em reticências

Eu não dou o menor valor ao artista que personifica o "Raul Seixas". Eu inventei ele. Raul Seixas não tem nada a ver comigo. Depois do trabalho cênico (exemplo: O Carimbador Maluco, como roqueiro, mágico etc...) estar acabado, eu volto a minha própria personalidade. Muitas das vezes até fica difícil encarnar certos personagens, como por exemplo, o Carimbador Maluco; eu não sentia a ideia do Vanucci. O idealismo "quixoteano" (dar força para um bando de crianças que estavam me deixando nervoso…), mas *somehow* quando eu passo a atuar eu consigo entender o que a cabeça do Vanucci pensa e quer. Então eu faço com a maior facilidade e criatividade aquele personagem que encarnei!!! Depois eu volto para as minhas coisas, minhas manias, meus livros, minha esposa… análise com o Fernando. Afinal, ainda me sinto muito jovem para parar de escrever.

Eu acho engraçado o João Araújo dizendo: "Raul Seixas também é documento". (Neste momento eu estou atuando um personagem que se deixa convencer; eu quero que ele sinta de corpo e alma que eu me deixei impressionar…) O Maluco Beleza nº 1 acha o Maluco Beleza nº 2 apenas uma "criação", imaginação, é só isso. Nada tem importância. Isso é ser o que se é.

No LP *Por Quem os Sinos Dobram*, da Warner, eu aventurei fazer o papel de diretor de cinema. O diretor que eu era fez o meu parceiro, um Oscar da vida, se convencer que nós iríamos unificar o Brasil com o resto da América Latina!!!

Criei situações, reuniões em “mesa redonda” com os líderes da Warner Brothers; acabava que eu ia colher dados *pro* meu “filme”; muito gozado eu de diretor. Eu não tenho o timão, mas engraçadamente guio o meu metrô pra Hollywood.

1983

METIDO A ESCREVER (PORQUE SE EU NÃO ESCREVESSE POR CERTO MORRERIA)

Eu, louco do absurdo
Cansado de cansaços
Desmorono-me em breves reticências
Meus dentes caem
Meus lábios doem de tanto arder
Ardor de falar
Palavras inúteis
Poeta do caos
Imbecil como uma criança
Imprudente como uma mulher
Estômago ácido-espelho-da língua?

1984

Não que me sinta sozinho
Quando caminho por entre toda essa gente
De cabeça baixa.
Lastimo e é só.
As ruas se desfazem quando o caminho
Pra frente é percorrido
Não há mais retorno
Uns há que ficam, são tantos.
Quero a mão dos que prosseguem
Quero a certeza dos loucos que brilham
Pois se o louco persistir na sua loucura
Acabará sábio.

3 de agosto de 1980

“Há homens que
nascem
póstumos.”

36

CANCERIANO SEM LAR

" CANCERIANO SEM LAR" (Clínica Tobias Blues)

(Raul Seixas)

ESTOU SENTADO EM MINHA CAMA
TOMANDO MEU CAFÉ PRA FUMAR
TRANCADO DENTRO DE MIM MESMO, EU SOU
UM CANCERIANO SEM LAR

ESTOU SENTADO EM MINHA CAMA
TOMANDO MEU CAFÉ PRA FUMAR
É, É, PORÉM, MAS, TODAVIA, EU SOU
UM CANCERIANO SEM LAR

EU TOMO CAFÉ
PRA MIM NÃO CHORAR
PERGUNTO À NUVEM PRETA
QUANDO O SOL VAI BRILHAR

ESTOU DEITADO EM MINHA VIDA
E O SORO QUE ME INDUZ A LUTAR
ESTOU NA CLÍNICA TOBIAS, TÃO
LONGE DO ACONCHEGO DO LAR

SOLOS I E II

EU TOMO CAFÉ
PRA MIM NÃO CHORAR
PERGUNTO À NUVEM PRETA
QUANDO O SOL VAI BRILHAR

ESTOU DEITADO EM MINHA VIDA
E O SORO QUE ME INDUZ A LUTAR
ESTOU NA CLÍNICA TOBIAS, TÃO
LONGE DO ACONCHEGO DO LAR

"Estou deitado
em minha vida
e o soro que me
induz a lutar
estou na Clínica
Tobias
tão longe do
aconchego do lar."

Canceriano Sem Lar
(Clínica Tobias Blues)
(Raul Seixas - 1987)

Artimanhas da noite

Avolumam-se
Como se a chama que consome a si mesma
Ressaltam-se objetos absurdos
Manter acesa a dúvida total
A entrega de si ao desvario
Sobrepujar a sombra do excesso
Soltar fantasmas na luz dum tênue abajur
Tudo é.
Artimanhas da noite
Não bastam oferendas
Já não há incômodos maiores
Prisioneiro da razão
Vasculha os olhos ao redor
Abstêmio de lógicas baratas
A noite não responde
Embala tudo
Alcança
Atinge
Exige atenção
O ouvido desafinado ouve e traduz.

1978

HOJE

Tensão total
Angústia
Apatia
Ansiedade
Dor de cabeça
Depressivo
Triste
Desanimado
Culpado
Desolado
Irritado
Mentalmente fraco
Existencialmente pesado
Falta de vontade
Labilidade
Cansado
Consciência lúcida da situação
Hipersensibilidade
Segurando a explosão compulsiva
Agressivo
Engaiolado.

1980

ESPELHO EU
À VAERAS

Espelho eu

Será que sou aquele que estou
vendo
Em frente a mim e diante do
espelho?
Ou aquele que eu nunca quis ver,
Eu mesma.
Será que sou assim como me vejo?
Magro, bêbado, belo e feio
Sendo eu mulher, porque me vejo
assim
Além de homem, bêbado
É meu amado que estou vendo em
mim
o meu próprio eu,
Sou assim.

1984

EU PRECISO DE AJUDA

Para todos os insonemaníacos da
Terra
Eu quero construir um tipo novo de
máquina
Para voar de noite saindo do corpo
Ela ganhará prêmios de paz, eu sei
disso
Mas eu mesmo não posso fazê-la
Estou exausto, eu preciso de ajuda

Admito meu desespero, eu sei
Que as pernas em minhas pernas estão
tremendo
E o esqueleto quer sair do meu corpo
Porque a noite de pedra já está
concreta
Eu quero alguém para içar uma imensa
roldana
E içá-la de volta sobre a montanha
Eu preciso de ajuda

Porque eu não posso fazer isso
sozinho
Está tão escuro aqui fora
Que estou cambaleando
Rua abaixo como bêbado
Se bêbado não sou, talvez aleijado
Eu preciso de ajuda.

1981

Me peguei com 36 anos de idade fumando
E no espelho grande, vi muita vontade
Imediatamente saí e comprei outro igual.

1981

Eu sou canceriano
E meu signo ascendente é leão
Leão luar de câncer
Louco de nascença
Filho da Bahia
Que já não faz mais.
A minha cuca, minha tia

Graças aos demônios
Deuses, totens meus
Eu nasci um louco
Dou graças a Deus
Como um anormal
Não durmo de noite
Não tenho mais medo

1981

Estou sofrendo
Não compreendo nada
Nada me motiva
Continuo bebendo
Estou infeliz
Preciso de alguém que acredite em mim
Não sei o que é ter fé
ordem, autoridade ou verdade
Respostas – perguntas
Três esposas vi partir
Não gosto de mim
não acredito em mim
Um vazio enorme
Inseguro
Solitário
Incapaz de lidar com o cotidiano
Cansado de ser
autodestrutivo
Desesperado
Tendências suicidas
Odeio meu rock'n'roll
penso em morrer…

1984

Que bom receber os desenhos. Já fiquei bom!

Estou fazendo música e tudo!! Hospital é chato! Não tem ninguém.

Ah, muito obrigado pela sua reza *pra* papai ficar bom depressa; foi você quem fez papai ficar curado logo. Não fiquei muito sozinho pois o "Capitão Garfo" vinha me ver toda hora, e como não tinha boneca por perto ele ficava meu amigo. O "Bonzinho" e o "Maluquinho", sempre fazendo tudo errado: eu no hospital deitado e ele pensou que ele é que era o doente e deitou em cima de mim!! Já pensou? Esse "Maluquinho" faz cada coisa engraçada.

Estou morrendo de saudades de você, minha filhinha. Daqui a pouco eu *tô* aí *pra* te ver. É que agora papai vai ter que fazer uma porção de shows para ganhar um bocadão de dinheiro *pra* comprar coisas e surpresas e presentes *pra* você. Eu amo você e sua mãe. Fiquem direitinhas, *tá*.

Com todo carinho, papai Raul

PS: Nunca mais papai vai ficar doente. Eu *tô* comendo o prato todinho.

Querida Kika,

Senti saudades de fazer massagem em

sua careca e você em troca passar Gressim nos meus cabelos.

Estou muito bem (eu e meus cadernos),

Quero contactar com Amim e Sotero para shows e tocar minha vida *pra* frente. Careta perde.

Espero que você esteja bem. Vou fazer (pretendo) um tour aqui e ali e dar um pulo em Atalaia. É uma, não?

Sinto muita falta da nossa família. Diga a Vivi que o desenho de papai e mamãe, *pra* mim, matou.

Saudades, beijos, Raul

1984

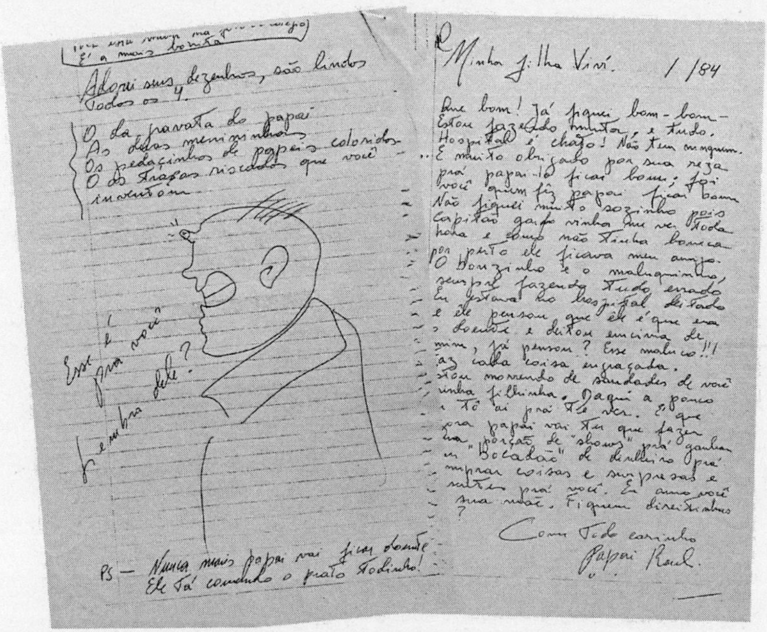
Adorei seus desenhos, são lindos todos os 4.
O da gravata do papai
As duas menininhas
Os pedacinhos de papéis coloridos
O dos trapos riscados que você inventou
Esse é pra você lembra dele?
PS — Nunca mais papai vai ficar doente! Ele já comendo o prato todinho!

Minha filha Viví. 1/84
Que bom! Já fiquei bom-bom.
Estou fazendo muito, e tudo.
Hospital é chato! Não tem ninguém.
É muito obrigado por sua reza prá papai ficar bom; foi você quem fez papai ficar bom.
Não fiquei muito sozinho pois Capitão Garfo vinha me ver toda hora e como não tinha bomca por perto ele ficava meu amigo.
O Bonzinho e o malvadinho, seu pai fazendo tudo errado. Eu estava no hospital deitado e ele pensou que ele é que era o doente e deitou em cima de mim, já pensou? Esse maluco!!! Faz cada coisa engraçada.
Estou morrendo de saudades de você minha filhinha. Daqui a pouco estô aí prá te ver. E que agora papai vai ter que fazer uma porção de "shows" prá ganhar um "Bocadão" de dinheiro prá comprar coisas e surpresas e [illegible] prá você. Eu amo você e sua mãe. Fiquem direitinhas.
Com todo carinho
Papai Raul.

Eu não quero ficar em silêncio
Não mais!
Eu não quero escrever no banheiro
Jamais.

Eu não quero ficar no escuro
Não mais!
Eu não quero me sentir solitário
Nunca mais.

Eu não quero viver com quem é fraco
Não mais!
Eu não quero me sentir tenso
Jamais.

Eu não quero sofrer
Não mais
Eu não quero peso nas costas
Nunca mais.

Eu não quero deixar de sorrir
Jamais
Eu não quero andar de passo leve
Não mais

Eu não quero viver gastando palavras
Pra quem não me ouve jamais!
Eu não quero dúvidas de quem não me aceita,
não mais!
Eu não quero o silêncio
De quem não me preenche com palavras de paz.

1984

Eu jamais poderia mostrar ao mundo circundante atitudes e episódios tão chocantes e alarmantes sabendo da delicadeza do meu trabalho como um cantor e compositor de nome. Para ser objetivo, várias foram as minhas "vergonhas alcoólicas":

Em todas as excursões que fiz através do Brasil junto com meu conjunto e empresários, devido a sempre ser bem-sucedido nas apresentações, voltava na euforia da vitória e isso era, por certo, um bom motivo para beber. Ainda no palco, cantando, não via a hora de terminar meus 45 minutos para "comemorar" no hotel com algumas fãs e colegas de trabalho. E era uma conversalhada danada, e como era de se esperar, entre fileiras e mais fileiras, entre esvaziar a geladeira e mandar o hotel repor as bebidas, eu atendia às expectativas dos fãs e de todo mundo, sendo como sempre o centro das atenções. Após a festa acabar e todos irem embora eu continuava bebendo e cheirando, sabendo que pela manhã tinha que pegar o avião e ir para o outro estado para outro show à noite. Bebia sozinho ou com alguém até o ponto de chegar a quebrar o hotel. Quebrava os espelhos da sala, cama, quebrava tudo e no outro dia a cidade que eu deixava estava com a notícia noticiando minha façanha.

Uma outra vez, na cidade de Caieiras, no interior de São Paulo, estava tão bêbado que o público achou que não era eu que estava ali, pois eu esquecia as letras de minhas próprias músicas; era uma sequência de "brancos" no palco. O público começou a ficar irritado e a gritar: "Fora farsante". Ainda por cima tive a audácia de me sentir indignado com a reação da plateia, vociferando para eles. Mandei chamar a polícia para me proteger de um linchamento. A polícia veio e me prendeu. Fui espancado pois não conseguia sequer provar minha identidade ante o delegado. Nunca andei com documentos, confiava no nome e esqueci de me lembrar de não confiar no álcool.

Outra feita não compareci a um grande show na casa de espetáculos Adrenalina, onde o público quebrou a casa inteira, inclusive a aparelhagem de som, dando um prejuízo enorme e também pessoas foram pisoteadas e gravemente feridas.

Utilizei uma menina de onze anos, filha de Lena, para comprar éter na farmácia, pois já não vendiam para mim.

Meu irmão, quatro anos mais novo do que eu, veio da Bahia para o Rio me visitar sabendo do meu problema. Eu sempre fui o seu herói e professor, ele sempre me respeitou. Se hospedou lá em casa e me convidou para jantar fora. Minha ex-esposa não podia ir pois tinha algo a fazer. Como eu não podia beber em sua frente, no restaurante, e a compulsão aumentava insuportavelmente, eu fui ao balção e segredei ao barman para botar uma dose dupla de vodca na pia do banheiro. Sentei e conversei nervosamente com meu irmão dando tempo necessário para a trama. Pedi licença para ir ao banheiro, andei rápido, abri a porta e… o copo estava servido lá. Mas, no momento que pus as mãos em torno do copo, uma outra mão por detrás segurou a minha e tomou a bebida. Eu não ofereci resistência, e a bebida foi despejada na pia. Era meu irmão sério e determinado que me olhava fazendo-me esboçar um sorriso tímido e amarelo, bem infantil. Nunca me senti tão mal; foi uma experiência terrível.

Em 74 abandonei minha primeira esposa e filha no meu primeiro apartamento, que comprei com esforço pela Caixa Econômica Federal. Abandonei as duas sem nenhum aviso, indo então para uma temporada em Brasília levando comigo a irmã do meu guitarrista americano. Seu nome era Gloria, que visitava o Brasil. Minha futura e segunda esposa.

Minha família é que deu apoio moral e financeiro à Edith e à Simone, em Salvador; esta minha filha sou proibido de ver faz onze anos.

Fui internado por minha quarta esposa, mãe carioca da minha filha mais moça, pelo menos umas dez vezes. Enfermeiros fortes invadiam a minha casa no Brooklin e me jogavam na ambulância, sob os olhos de todos os vizinhos, e me levavam para hospitais psiquiátricos.

Devia dinheiro em tantos bares da redondeza que para achar um novo tinha que dar voltas homéricas para escapar de ser visto. Às vezes minha música estava tocando numa padaria que não queria me servir, mas por causa da minha música que tocava na rádio era eu servido pelo cara que por certo achava que eu tinha alguma importância. Eu salvo pelo gongo. Ali naquele momento, com pose de artista, eu aproveitava e bebia enquanto o cara achava que eu era o Raul Seixas e não um bêbado.

Vila Serena - São Paulo, 31/9/1987

LISTA DAS TENTATIVAS DE CONTROLAR SITUAÇÕES

Se eu não controlei o álcool, como poderia, embriagado por ele, controlar uma série de situações e pessoas?

Tentei, por exemplo, controlar a venda dos meus discos me cercando de um cuidadoso contrato feito por um advogado de direitos autorais, mas as gravadoras sempre roubam a maior parte do real vendido. Somente através da espionagem poderia provar que eu não vendi 200 mil discos e sim 500 mil. Mas o fato é que até hoje a coisa ficou por isso mesmo, não consegui o controle real.

Tentei como bêbado desorganizado em casa impor ordem e disciplina, desde a exatidão da lista de compras para a cozinha à educação e horários rígidos para as crianças (quando eu acordava de madrugada para esperar a padaria abrir). Claro que esse controle era ridículo!!

O controle de cheques sempre foi meu maior desafio. A última vez que tive um talão na mão, apesar do esforço para o controle, mais uma vez me escapou. Dei um cheque numa padaria quando minha conta já havia encerrado. Resultado: eu não posso, por um bom tempo, ter talão de cheques do meu banco.

Outra vez eu assinei um cheque de Lena. O talão era dela, tinha o nome dela e eu assinei e passei. Depois me devolveram o cheque.

Tentei controlar minha vida afinal e jamais obtive êxito. Resultado é que quando eu quero dinheiro tenho que pedir à Lena. Ela me dá somente o necessário para que eu não gaste tudo na primeira loja que eu passar.

Vila Serena, 3/8/1987

Aos 43 anos de idade tudo mudou para mim.

Não faço nada com vontade; não tenho vontade de tocar, de escrever, só quero dormir, só sonhando sou mais feliz.

Vivo só. Muito só.

1988

1 A psicologia identifica o que sinto dizendo que é "ansiedade".

2 Embaixo a televisão, em cima o videocassete, no meio das cervejas um milhão de coisas como livros, equipamentos elétricos, som, luz e eu querendo jantar com alguém.

3 O álcool ainda me estimula. Bastam-me hoje três garrafas de cerveja para estimular minha criatividade. Bastam-me duas pastilhas de Neozine para eu dormir quase em paz. Geralmente acordo para mijar a cerveja ingerida ou mijo em mim mesmo. Eu preciso disso ou daquilo. Eu sou um homem químico.

4 Eu não sei ficar sozinho vendo televisão sem comentar o aborrecimento que isso me traz.

5 Todo mundo diz que eu estou usando vodu. Por quanto mais tempo?

6 Sábado e domingo é esperar as três refeições.

7 Eu não tenho mais saco de escrever; nem isso mais me resta. Só me resta dormir. Tomar um Neozine e dormir. Tomar insulina é horrível. Dalva chega às oito horas *pra* fazer café. E eu continuo sem ninguém. Não suporto estar comigo mesmo. Não me aguento.

8 Há tempos que eu ando muito sério e sem graça. O que eu queria mesmo era ter uma mulher que me fizesse dar uma risada qualquer. Rir de qualquer coisa banal. Alguém que me ligue. Alguém que me faça companhia para eu poder viver. Viver é compor.

9 Aqui na minha casa eu posso deixar um livro aberto sobre a mesa do jantar e ler no outro dia, no café. Não tem ninguém *pra* mexer.

1989

20 DE AGOSTO DE 1989

A coisa mais gostosa que tem é falar alto sem ninguém *pra* me ouvir exceto eu mesmo. A minha voz ecoando nos aires da minha solidão enorme. Eu sei que amanhã (dia de show) vou rir do que escrevi. É que a vida é uma coleção de momentos.

Vou esquentar meu peixe, ver TV, pois TV tem som e imagem. Agora!! Estou com a TV ligada que me anuncia um filme: *Promessa de Sangue*. Sofrendo uma crise de solidão. É horrível. Eu coloco um disco de New Orleans orquestrado e sento no fogão à espera da panela esquentar e eu canto *À Beira do Pantanal* (do fogão).

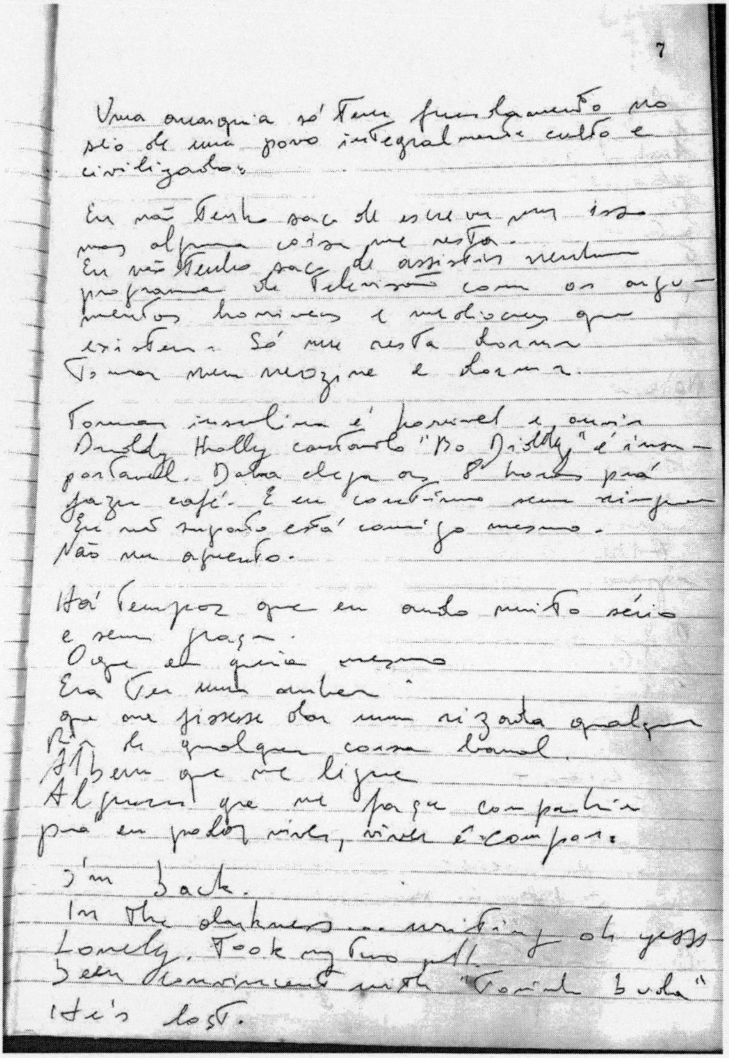
7

Uma anarquia só tem fundamento no seio de um povo integralmente culto e civilizado.

Eu não tenho saco de escrever nem isso mas alguma coisa me resta.
Eu não tenho saco de assistir nenhum programa de televisão com os argumentos hominais e medíocres que existem. Só me resta dormir
Tomar meu neozine e dormir.

Tomar insulina é possível e ouvir Buddy Holly cantando "Bo Diddley" é importante. Daqui chega as 8 horas pra fazer café. E eu continuo sem ninguém
Eu não suporto estar comigo mesmo.
Não me aguento.

Há tempos que eu ando muito sério e sem graça.
O que eu queria mesmo
Era ter uma amiga
que me fizesse dar uma risada qualquer
Rir de qualquer coisa banal.
Alguém que me ligue
Alguém que me faça companhia
pra eu poder viver, viver é compor.

I'm back.
In the darkness... writing oh yess
Lonely. Took my two pill.
Been reminiscent with "Tonight Buddha"
It's lost.

"Ói, lá vem Deus
deslizando no céu entre brumas
de mil megatons
ói, olha o mal
vem de braços e
abraços com o
bem
num romance
astral."

Trem das Sete
(Raul Seixas - 1974)

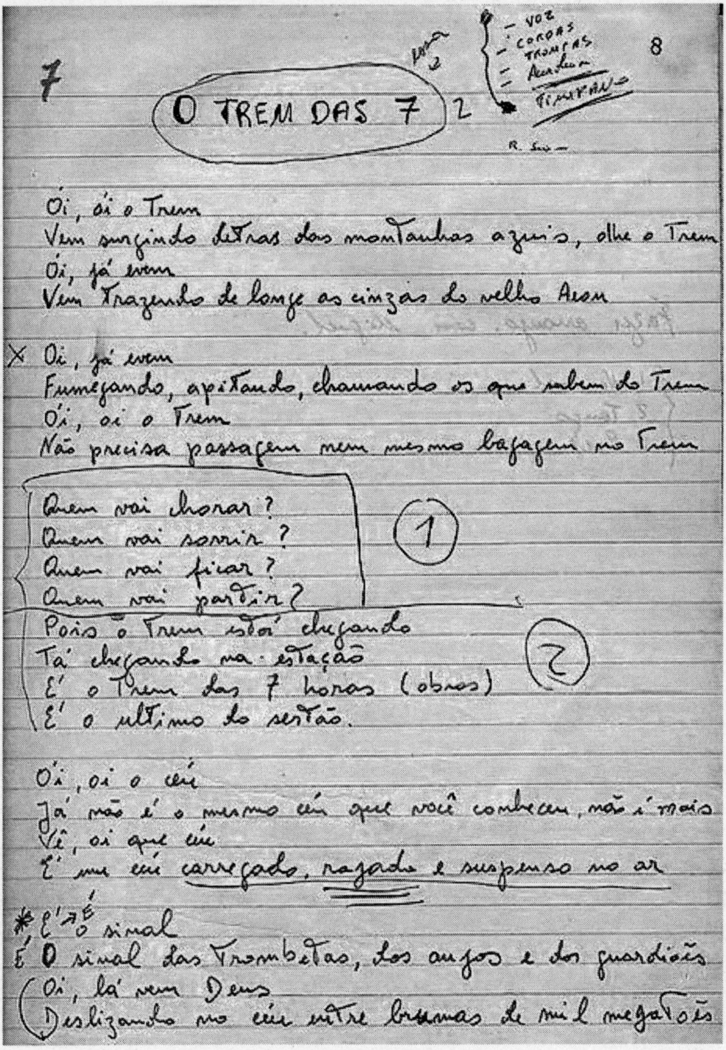
7

O TREM DAS 7 2

— VOZ
— CORDAS
— TROMPAS
— TIMPANOS

8

Oi, oi o Trem
Vem surgindo detrás das montanhas azuis, olhe o Trem
Oi, já vem
Vem trazendo de longe as cinzas do velho Aeon

Oi, já vem
Fumegando, apitando, chamando os que sabem do Trem
Oi, oi o Trem
Não precisa passagem nem mesmo bagagem no Trem

Quem vai chorar?
Quem vai sorrir?
Quem vai ficar?
Quem vai partir?

(1)

Pois o Trem está chegando
Tá chegando na estação
É o Trem das 7 horas (obras)
É o último do sertão.

(2)

Oi, oi o céu
Já não é o mesmo céu que você conheceu, não é mais
Vê, oi que céu
É um céu carregado, rajado e suspenso no ar

É o sinal
É o sinal das trombetas, dos anjos e dos guardiões
Oi, lá vem Deus
Deslizando no céu entre brumas de mil megatons

A teoria individualista do verbalóide e sua condição inata e imutável de ser:

A única concordância entre todos os homens é que todos são; entendo por "eu" o indivíduo único dono de mim, como o único espécimen dentre todos e tudo na natureza. Eu (pronome) não significa nada sem o verbo ser.

E o verbo se fez carne.

Determinação
Energia
Universo
Superior
Ei-lo descrito e traduzido por essa gramática "racionalista" que define tudo em apenas cinco letras.

Poderia também ser:
Desnecessário
Enigmático
Usurpador
Safado?

Eis a minha gramática:
Quando a razão afirma que Deus é a causa do mundo, só existe um termo concreto, somente um lado de experiência que é o mundo, enquanto o outro Deus é totalmente suposto. Deus seria então uma afirmação inverificável; uma pura hipótese que pretende explicar os fatos, mas que está impossibilitado de prová-los.

Lembrando as palavras de Laplace: "Deus? Não necessito desta hipótese". Nós temos direito de procurar a causa no mundo, mas não de inventar uma causa do mundo. É tudo muito fácil: "Por que o mundo existe?" Invoca-se Deus, e pronto!

Brunschvicg, numa crítica semelhante à de Kant, pergunta: "Mas as exigências do princípio de causalidade não nos levarão a reclamar uma causa para Deus? A existência de um criador que não foi criado por nada está caindo em contradição com o princípio em nome do qual dizemos que Deus veio do nada como causa primeira". Ora, se aceitarmos um Deus sem causa, não podemos aceitar também, e mais simplesmente, um mundo sem causa?

O Universo me espanta e não posso imaginar que este relógio exista e não tenha um relojoeiro.

1971

Eu quero ópio para aceitar a realidade que eu vivo.

Se há uma saída para a morte, onde posso encontrá-la?

Os métodos existentes são vagos; não posso me arriscar a perder minha vida inteira trilhando um caminho "*pra* vida eterna", se eu não creio que esse que estou trilhando seja o verdadeiro.

Existem caminhos ou caminho?

O que eu quero da vida?

Descobrir o segredo dela.

1973

Por que eu vivo? Ser artista? Não fico feliz.

Ser Caetano no final? Esse é o auge a que eu posso chegar?

Não. Faço planos astronômicos. Investir muito para poder muito; cada vez que eu subo no palco, saber que está caindo uma estrutura, um edifício na Vieira Souto, um general está morrendo.

Minha tristeza não tem limites. Eu sou triste até o cosmo.

Deusa Tristeza! Dura Tristeza!

Não vivo, vegeto. O vegetal é mais feliz.

Estou triste com os homens e com o mundo. Estou triste com Deus. Estou triste comigo mesmo.

Eu realmente não sei nada.

1973

A HISTÓRIA GERAL DA CIVILIZAÇÃO POR RAUL SEIXAS

Introdução: "Mentira que a história começa com o homem-macaco. A história começa quando você concebe que é o ser responsável pela própria concepção".

Rio, madrugada de 1975

POR QUEM OS SINOS DOBRAM (1)

Ela é a única que o ser humano não pode enganar. Também é a única que responde pela veracidade ou a falsidade das nossas atitudes. A mentira, os valores, os medos são oriundos do racionalismo, enquanto a consciência permanece sempre como o espelho do real.

Conseguir o casamento desta com a atitude prática e coerente significa o ponto mais alto que o espírito pode atingir nos limites do conhecido. A consciência. Ela é na realidade o verdadeiro indivíduo em si, livre dos condicionamentos, de valores seculares que conflituam com o real; causa o que sentimos como "sofrimento".

Na consciência limpa não há lugar para o sofrer. O sofrimento é gerado pelas variantes externas que se entrechocam na medida em que uma realidade falsa é imposta à intimidade da consciência. Ela refuta o que não é, ou seja, não permite nenhuma intromissão que não seja exata e perfeitamente de acordo com o que ela é.

Sendo esta consciência a única coisa perfeita e original em

cada ser humano, sinto que ela não é somente particular a cada indivíduo; existe uma consciência geral e comum a todos. A "Grande Consciência" perfeita e eterna. O todo da vida. Para uma consciência particular chegar à perfeição total de ser ao ponto de culminar na "Grande Consciência", é preciso sentir a importância do fato e dedicar-se apaixonadamente por "viver para ser", já que "somos para viver".

Como poderia uma consciência em si tomar nela própria a consciência da Grande Consciência? Nem uma nem outra tomam consciência de coisa alguma, elas são a própria. Ora, é inegável o fato da dificuldade encontrada em ser, mesmo entre dois indivíduos. Imaginemos agora o que é ser dentro de uma sociedade inteira com seus valores, suas leis, seus castigos e julgamentos. Quem quer que ouse deixar-se ser seria imediatamente liquidado. Principalmente aqui, num país esculhambado como este.

1979
Press-release

POR QUEM OS SINOS DOBRAM (2)

Não sou contra nem a favor de nada, apenas aluno do aprendizado do ser. Jamais poderemos enganar a própria consciência, tendo ela já concebido o eu, puro e verdadeiro. E todos são verdadeiros a partir do fato de que existe a consciência.

Não há falso para ela, sendo que ela é a única coisa que é. Deus se aproxima à medida que a consciência é polida.

"Por quem os sinos dobram" implica uma pergunta. Eu realmente não sei; só sei que eles dobram. O tempo, a experiência vivida de quem já desceu lá embaixo me levaram a não ter qualquer preocupação de nível filosófico, antológico ou metafísico. Estou mais corajoso que ontem.

Não é fácil minha tarefa, sei, mas como poderia recuar para um degrau que já não mais existe? E meu único propósito é mais que um propósito, é tão grande a minha responsabilidade que não resta tempo para sonecas, minha obra é minha alegria. Eu sei que subo à medida que os degraus pisados somem. A minha loucura é pos.itiva em todos os aspectos, ela não se diversifica em entendimentos maléficos, ou é entendida positivamente ou ninguém sai ferido. É meu dever não guardar segredos. Dar continuidade, perpetuar a beleza do ser humano. Contribuindo comigo por certo contribuirei com a história do Universo.

A partir do momento em que não me engano, não minto para mim, por que iria mentir para os outros? Quero que mais pessoas sejam abertas, sem defesas nem medos, pois só assim nascerão oportunidades para novos caminhos e opções!!

Eu percebo tantas....

1979

A SARTRE

Trinta e quatro anos, 64 quilos. Ocupa-me a mais arraigada e antológica curiosidade da vida.

Trinta e quatro anos. A quantas batidas meu coração já resistiu? Quantos pulmões são necessários para respirar os ares que respirei? Quantas pernas deve um poeta ter para andar sobre a cruel escuridão do insólito?

Anos 80! Que pombos brancos substituirão os urubus que dissecam a minha carne? Que mil cruzes e alhos removam os vampiros de volta às lendas.

O que explode em minha barriga vazia não esmorece em minha língua mordaz.

A história é irrevogável prova de que eu sou filho dos primeiros frutos da árvore primogênita de Deus.

Trinta e quatro anos. A crítica da razão dialética! A técnica, a política, a educação, os setores de cultura resistem anciãos ante o terror macabro de uma torre babelesca que teima em se tornar ciência positiva. Louco poeta dos cosmos! Como posso desafiar o exercício da liberdade com uma caneta só??

Sartre. Oitenta anos. Fé, somente a fé nos guia para o objetivo final, eterno. Como a ignorância do lógico.

1979

Eu sou, tu és, ele é, assim como todos, e tudo na vida é.

A estrutura mental dos seres humanos é o verbo ser: tudo é ou tudo está.

A natureza é, pois, o homem que percebe o que é e o que não é. Ele só pode conceber ser. Assim como até a magia, o oculto e ainda os fenômenos inexplicáveis, queiram ou não queiram, são. Tudo é.

Através da história o homem sempre tentou desesperadamente buscar uma resposta para o mistério da vida. Uma resposta absoluta a todas as perguntas. O resultado era sempre uma questão de gramática. O verbo ser: é, não é, pode ser, foi.

O problema da busca é que não satisfaziam as respostas com diversas faces, pois o que o homem queria saber era POR QUÊ?

1975

Minha ostentação inútil
Esbofeteia o poeta ou-seja-lá-o-que-sou

Não estou morrendo
Só estou lá…
Sendo

Cada vez que abro os olhos
Sei que devo pular dos lençóis para ser.

Ser
Forte como um forte é.
Essa jaula que sou
Jaula que guarda dois outros que são.

Ele: o leão faminto e…
O astronauta vagabundo do cosmo.

Enquanto preso, sonho domingos lácteos
O leão ruge alto interrompendo…
Interrompendo… me acordando
pra seu sonho-selvoso

E a jaula se mexe
Se remexe
Se terremota com a possibilidade de ruir!!
Dar-fuga-a-um-de-nós.

A: eu-do-que-sigo-por-estradas…
estradas que existem ou não!!

Ou

Ao: leão da terra!!
Enquanto…

A lua gorda me assovia um psiu — psiu — psiu

Do leão que está em mim:
"pouco sei"

Está lá! Mas… a lua me chama!!!

1974… 76

É impossível para o espelho da alma refletir na imaginação alguma coisa que não esteja diante dele. É impossível que o lago tranquilo mostre em sua profundeza a imagem de qualquer montanha ou o retrato de qualquer árvore ou nuvem que não exista perto do lago. É impossível que a luz projete na terra a sombra de um objeto que não exista. Nada pode ser visto, ouvido ou de outro modo sentido, sem ter essência real. O resto é excesso. Na luta contra o mal o excesso é bom; quem é moderado em anunciar a verdade está apresentando apenas uma meia-verdade. Esconde a outra metade com receio da cólera do povo.

Não vou me surpreender se os "pensadores" disserem de mim: "É um homem de excessos que se volta para o lado mais desagradável da vida e não apresenta nada mais que desgraças e lamentações".

Se não entende, *cumpadre*, na casa da ignorância não há espelho no qual se possa ver a alma.

A vida, mestre, é uma escuridão que termina na explosão da luz do dia. Sempre.

1978

I NEED SOMETHING

Yes, I need something I always need
something If it's a love
Or if it's a drink
Oh hell, I don't know
I just need something.

Eu preciso de alguma coisa
Eu sempre preciso de alguma coisa
Se é um amor
Ou se é um drink
Ó diabo, eu não sei
Só sei que preciso de alguma coisa

Tá faltando alguma coisa
Sempre *tá* faltando alguma coisa
Se é de mudança
Se é de esperança
Ó diabo, não sei
Só sei que *tá* faltando alguma coisa

Essa insatisfação que a gente sente
Ou a solidão permanente
Tem que estar faltando alguma coisa.

1979

Poetas e guerrilheiros, juntai-vos!

O número primeiro é o escolhido, cumpra a vossa parte e partai.

Partai para que outro continue o seu maldito dever.

Maldito dever ante Ti, meu Deus das trevas.

Magnânima emergência.

Corro à Tua garganta sedenta de luz, através de cigarros e cocas e fumo e mais pequenos deuses que fazem Teu grande sorriso abrir-se.

Deus, ajuda com Tua sapiência esse humilde e louco guerrilheiro na tentativa desvairada de voar com o vento do leste-oeste-norte-sul do amor ao qual me prostro!

Deus! Minhas orações não são as conhecidas; perdão pelos erros a que hoje me deixei entregar. Sinto-me cansado e sozinho ao longo do traçado destino que Tu me legaste, pai. Deixaste-me solitário na noite nefasta entre as muletas e os canhões na mais grandiosa guerrilha a qual me esmaga.

Qual a minha parte, pai? Não ouso tanto, porém cedo meu filho à Tua vontade da qual me falta semente. Os falsos deuses rodeiam-me a cada segundo e, se não sucumbo no poço da loucura do demônio, que seja por aquilo que Tu me designaste a concluir. Cura com o sangue da terra minhas feridas efêmeras.

Deus, totêmico matemático do cosmo, engole-me com toda Tua grande fome na hora do Teu lazer. Joga a chave da Tua bendita porta para que meu coração jamais pare de bater. Escuta minha canção.

Pai, ajuda o filho, meu pai.

Afasta de mim as pequenas dúvidas inebriantes que adormecem a minha alma. Recorro a Ti, somente a Ti, não clamando piedade mas a força que me deste para a conclusão de um ciclo do Teu agrado.

Guia-me pelos tortuosos e certos caminhos da terra, da água e do sal!

Responde a esse guerreiro filho da Tua engenharia. Sabes meu endereço.

Teu humilde servente,
Raul.

1980

Não nos basta contemplar um pôr-do-sol; temos que enfeitá-lo de anjos e trombetas para que fiquemos felizes.

Buscar é uma incessante agonia dos homens. Ser somente ser seria o ápice da calma nos homens.

Uma árvore soprada pelo vento e uma moça que passa não são mais que uma árvore soprada pelo vento e uma moça que passa.

O mundo no qual vivemos está sempre nos fazendo querer, desejar, procurar respostas quando a mente habituada pela distorção nela contida jamais responderá sensatamente. Uma mente doente só poderá nos fazer agir não-corretamente.

Os medos, as ansiedades, advindos dos valores circundantes, nos cegam para a realidade natural de que realmente tudo simplesmente é.

1980

Como se bastasse uma explicação lógica. Como se tudo não passasse de uma solução simples para um cretino inocente.

Como se meus mistérios, minha alma incoerente pudesse ser tão definida quanto a lógica aritmética. Como se o turbilhão da maravilha dos mundos impenetráveis fosse resolvido com um tiro mortal num corpo.

Como se bastasse uma revista para ocupar uma criança que teima em algo proibido.

Como se precisasse apenas de uma dose de dolantina. Como se fosse fácil aquietar com uma anestesia geral as entranhas do corpo do universo.

Como se pudesse a lua fingir o papel do sol.

1980

A ÚLTIMA INSTÂNCIA

Sabemos das torturas do amor, nossa dependência dele, o medo que ele cria, a insegurança de não ser amado.

Quando não existe beleza em nosso coração vamos a museus, cinemas, nos deslumbramos com um templo grego e suas majestosas colunas. A gente fala sobre a beleza o tempo todo, porém estamos perdendo contato com a natureza e a beleza sem limites!

Existe um vazio interior que está sempre a buscar expressão para dela obter prazer, e isso cria o medo de não obtê-lo por completo, advindo então agressividade. Tratamos então de preencher esse vazio interior com livros, conhecimentos, relações e mais mil artifícios, mas no final de tudo continua existindo esse vácuo impreenchível e então apelamos para Deus: A Última Instância!!

1980

ABRE-TE SÉSAMO

Abre-te Sésamo é o inferno que se mostra sem mascaramento. O indivíduo representado por mim no palco abre a porta para si próprio induzindo aos outros o meu veneno que não me é prejudicial e que por sua vez seria mortal para cada sujeito. A liberdade de ser prisioneiro feliz da prisão sem grades dum inferno individualisticamente paradisíaco. A mentira de cada um é, por conseguinte, inquietante e indesejavelmente posta em questão por ser id conscientizado.

O show seria um paraíso para os verdadeiros merecedores desse inferno incontestável. O fogo deve queimar muitos.

O palco é vinho em barris, piratas e papagaios, perfumes exóticos e óleo de amêndoa, e é basicamente o elemento fogo. A explosão. O sol vermelho. Incensos, ouro e cânticos para a grandeza dos deuses do teatro.

1980

Toda e qualquer coisa feita ou não pelo ser humano ao longo da sua existência é movida somente pelo deus cujo nome é morte. Não existindo a morte não haveria vida, não haveria o ser feito para deixar de ser. Assim, o conceito de eterno é impossível. Ora, se aceitássemos o eterno não haveria ser. O ser só existe por causa do não-ser. Alguma coisa que não termine não pode jamais ser. Vejamos algo que não termine; tomemos o universo por exemplo: ele não é. A ideia aceita de que o universo é infinito é somente uma fantasia para justificar o que não pertence à alçada do ser.

Nada é além do verbo-homem. O limite é o verbo. Mesmo a morte, em si, é. Também verbo, pois ela é um não-ser.

Ser-não, ser-sim, não importa, é sempre ser. Isso é a vida.

Tudo existe pelo fato de sermos para que possamos perceber a vida.

Se não tivéssemos nascido o mundo não existiria, ele não era.

Ora, Deus só existe porque nós criamos o próprio.

28 de junho de 1981

Sempre estivemos mortos antes de nascer. Vivemos um curto período com a capacidade e a certeza de que vamos voltar para a morte. Nascer de novo para o absurdo da vida é impossível. Dos quatrilhões de espermatozoides que já fomos, um só. Não existe outro igual. Nos resta preencher o tempo vital de sofrimento e angústia enquanto dura esse período onírico chamado vida.

O ser humano se resume em ser e estar. Ele não sabe o que quer saber porque na realidade não somos dotados para saber o que não existe para saber. Só sabemos que enquanto vivos somos algo e estamos nesse lugar. A necessidade de ter uma resposta nos leva a dois caminhos: à loucura ou à crença em algo criado para justificar o que não é para ser justificado. A busca da pergunta, da resposta, dos como, onde, quando, a fim de quê etc. etc., é criada para que a gente não enlouqueça.

E se o conceito do VERBO for somente o fruto errado da mente?

E se não SOMOS e não ESTAMOS como penso?

A morte é o verdadeiro lugar do homem. A vida, um pequeno passeio curto num lugar doido e de mau gosto.

1981

PAI NOSSO DA TERRA

Pai nosso que estais na Terra
Simplificado seja o vosso nome
Está em mim o vosso reino
Que seja minha a vossa vontade
Bendito ou maldito
Se o que eu mato eu como
O pão nosso de cada dia
Dai sempre ao bom merecedor
Não perdoai ao devedor
Nem livrai o fraco do mal
Com vosso poder habitai na alma dos fortes
Senhor da máfia, deus dos deuses!
Pai nosso da Terra
Nada vos imploro, nada vos rezo
Mantende comigo vossa espada
Pai nosso da Terra!
Livrai-me da maldição dos fracos
AMÉM.

1981

Deveríamos, desde que é razoável principiar duvidando de todas as coisas, reservar a força principal de nossa dúvida para duvidar da nossa própria razão, aquela força que se aventura a provar as coisas de que devemos duvidar.

1981/1982

És tão lindo

Oh, meu Deus!
Perdoa esse homem que sou
Nada sou senão um átomo de ti.
Ajudar
Amar.

1983

Todo ser humano, seja engraxate, bancário, soldado, padre, lavadeira, é um filósofo no verdadeiro sentido da palavra. Todo mundo tem um modo especial de ver o mundo. Sua filosofia seria então o significado que o mundo tem *pra* você. Bom, existem e sempre existiram alguns problemas primordiais que sempre provocaram as mentes de homens e mulheres.

seria

1 — Qual é a natureza do universo?
Foi criado por uma entidade divina? Foi um crescimento vindo de um processo gradual? De que ou de qual substância o universo é feito? Como é que ele muda? O universo se importa comigo ou com você, ou somos para ele um mero grão de areia duma praia vastíssima?

2 - Qual o papel do ser humano no universo?
Podemos mudar o universo ao nosso gosto sem que isso interfira profundamente no conceito primordial do qual ele foi gerado? Ou com essa interferência ele nos destruirá?

3 - O que é bom e o que é mau?
Como podemos saber o que é que é o bom e o que é mau? Foi algo divino que de antemão já tinha estipulado os parâmetros do que seria bem e o que seria mal, ou bem e mal são conceitos de uma cultura local? O bem estaria posicionado *pra* pertencer à natureza das coisas ou é algo que nós podemos decidir por nós mesmos?

4 - Qual é a natureza de Deus?
Seria Deus um ser muito semelhante ao ho-

mem que governa o universo ou um espírito que açambarca tudo?

5 - Livre-arbítrio

Somos indivíduos livres que podemos fazer nossas próprias escolhas e determinar nossas atitudes ou somos determinados pelo destino do qual não temos controle algum? Podemos determinar o amanhã ou o amanhã já nos está determinado desde o princípio da vida?

6 - Quem é superior? Mente ou matéria?

A matéria é uma criação da mente ou a mente é meramente outro tipo de matéria? Como é que a mente permanece pura e ao mesmo tempo mora dentro de um corpo-matéria?

7 - O que é e como seria o mundo sem nossa mente? Seria possível conceber essa possibilidade ou completamente impossível? As coisas só existem enquanto nós as percebemos? Uma cadeira do meu gabinete só estará existindo até o momento que eu estiver olhando para ela?

1984

Andando com dois pés: gente!
Sofrendo de amor aos meus pés:
gente
Sorrindo gentil: gente és! Gente
Acorda cotovia diurna — gente
Poetisa do sol
Gentil, estendo-lhe minhas mãos
Gente!!
Uma coisa pulsante na cama:
gente!
O lençol cobre sua carne
Ciúme estupidamente amarelo:
gente
Bufa e respira — ar: gente
Respira o ar que há: gente
Água no banheiro/chuveiro
Evita o pulmão, gente!
Pulmão só permite a entrada de
ar,
Água, não! Gente
Só *pra* limpar a coisa… lá: gente
Ele e ela. Gente
Gente são dois… *Só-mente* dois.
A carne, ela respira
A coisa-carne ele… come

Gente; para com as presepadas
natalinas!!! Deus!

1984

Houve um tempo de revolta contra a minha limitada prateleira de elementos, e tentei até negar a fatalidade de ser um verbalóide. Foi um pulo rápido para compreender que só existe um número X de elementos no ser humano. Eu teimava em buscar elementos novos que não estivessem no meu arquivo mental.

Estou conformado hoje, sem o peso e a agonia da busca. Não nego que o elemento busca ou resposta seja uma tentação para aqueles que não se conformam com o que têm. Somente sei que sou. Um ser humano. Um verbalóide que é fiel aos seus elementos do computador mental, e estou contente por não querer me arvorar em tolas verdades absolutas. Sou simpatizante com os agnósticos; diziam eles: "Não sei e ninguém sabe". Nos resta viver o período vital sendo, fazendo e agindo como um ser humano é, faz e reage. Existe amor. Ame. O verbo chora, ri, é feliz ou infeliz. Se estes predicados existem é porque existem. Eu optei por viver proporcionando uma melhor maneira de me sentir e estar bem. Sou fraco muitas vezes, sou forte outras tantas, sou um verbalóide convicto.

Se existe Deus eu certamente irei para o céu quando morrer. Primeiro por ser uma pessoa boa, depois por ser fiel aos elementos que Ele me deu, os quais me bastam, e não quero sobrepujar seus limites por não ser Ele.

1987

DO FUNDO DO BAÚ

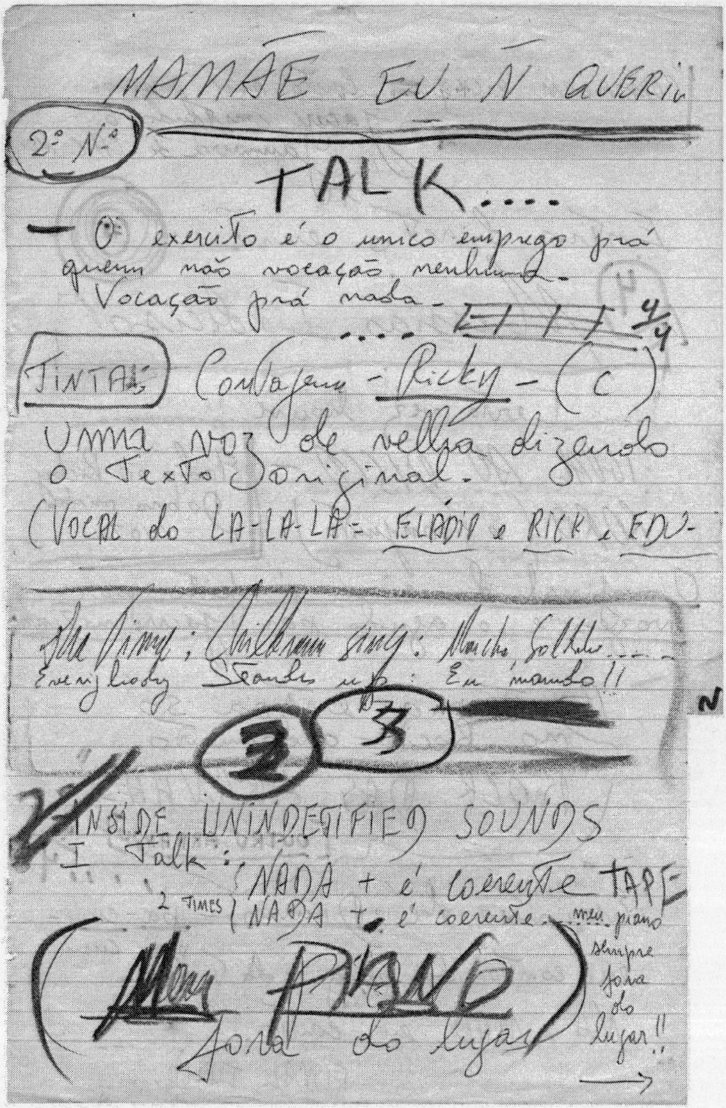

MAMÃE EU N QUERIA

2º Nº

TALK....

— O exercito é o unico emprego prá quem não vocação nenhuma.
Vocação prá nada.... 4/4

(JINTAS) Contagem – Ricky – (C)

Uma voz de velha dizendo o Texto original.

(VOCAL do LA-LA-LA = ELÁDIO e RICK e EDU-

The Army; Children sing: Marcha, Soldado...
Everybody Stands up: Eu mando!!

3

INSIDE UNINDETIFIED SOUNDS

I Talk:
NADA + é coerente TAPE
2 TIMES NADA + é coerente... meu piano sempre fora do lugar!!

(Meu PIANO fora do lugar)

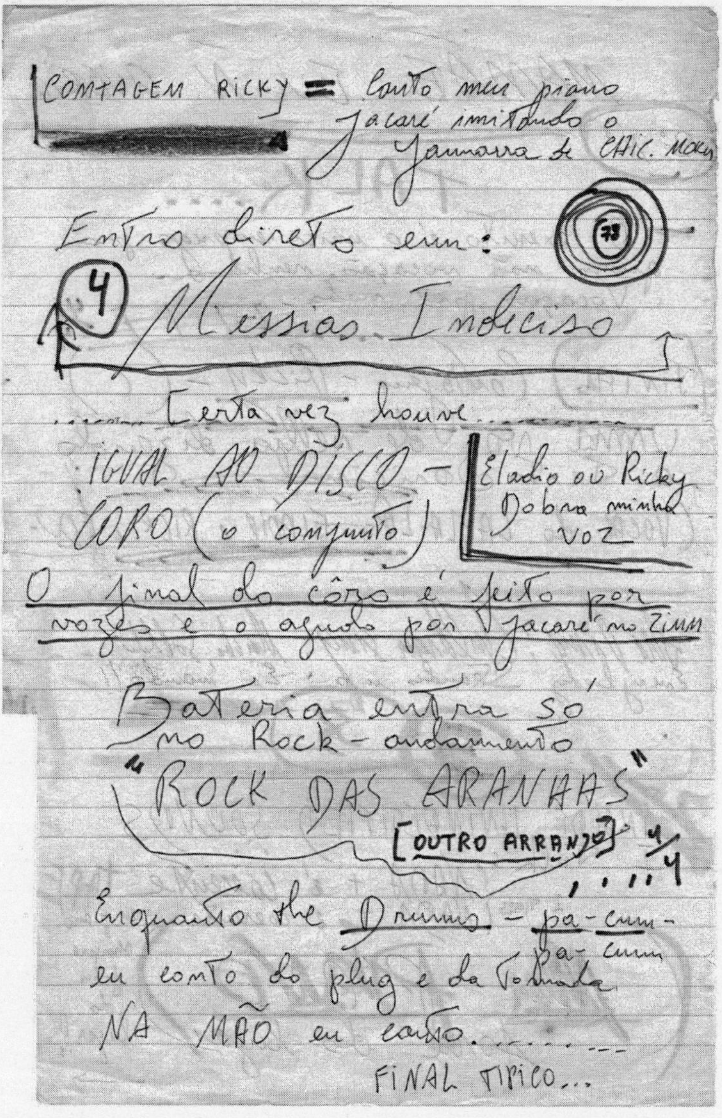

CONTAGEM RICKY = Canto meu piano
Jacaré imitando o
Jamarra de CHIC. MORG

Entro direto em: 78

4 Messias Indeciso

Certa vez houve...

IGUAL AO DISCO — Eladio ou Ricky
Dobra minha
voz
CORO (o conjunto)

O final do côro é feito por
vozes e o agudo por Jacaré no ZIMM

Bateria entra só
no Rock - andamento
"ROCK DAS ARANHAS"
[OUTRO ARRANJO] 4/4

Enquanto the Drums - pa-cum-
pa-cum
eu conto do plug e da tomada
NA MÃO eu canto.......
FINAL TÍPICO...

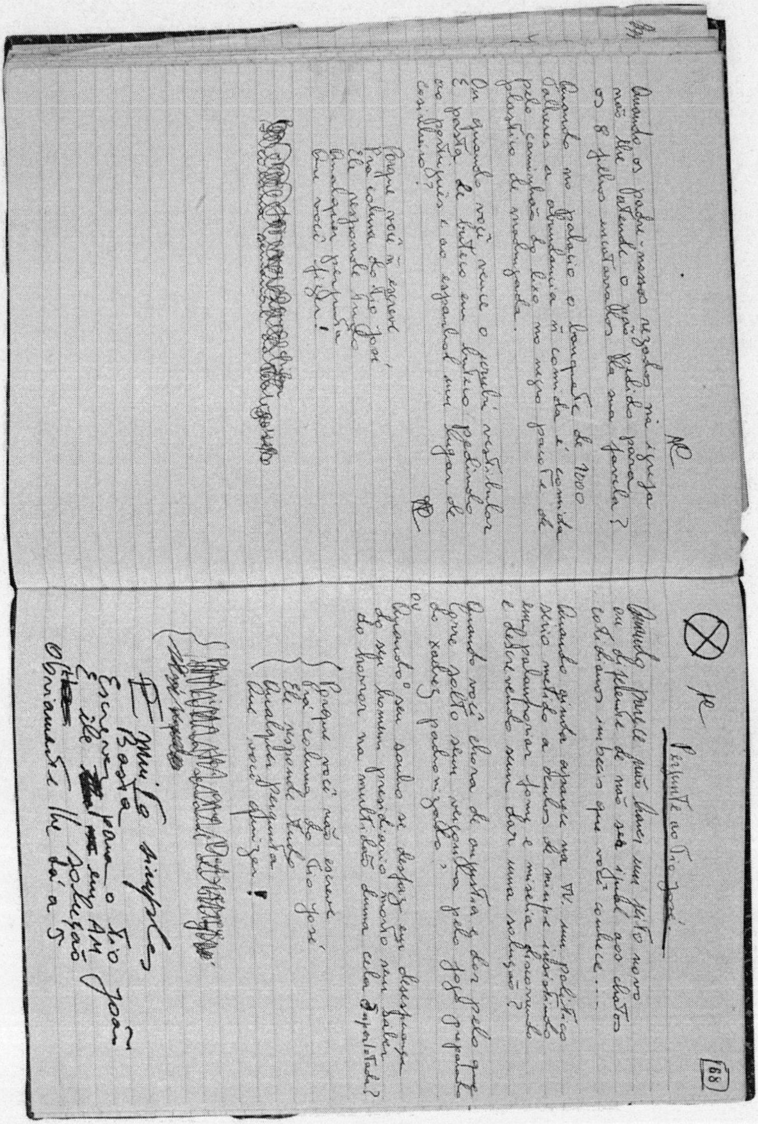

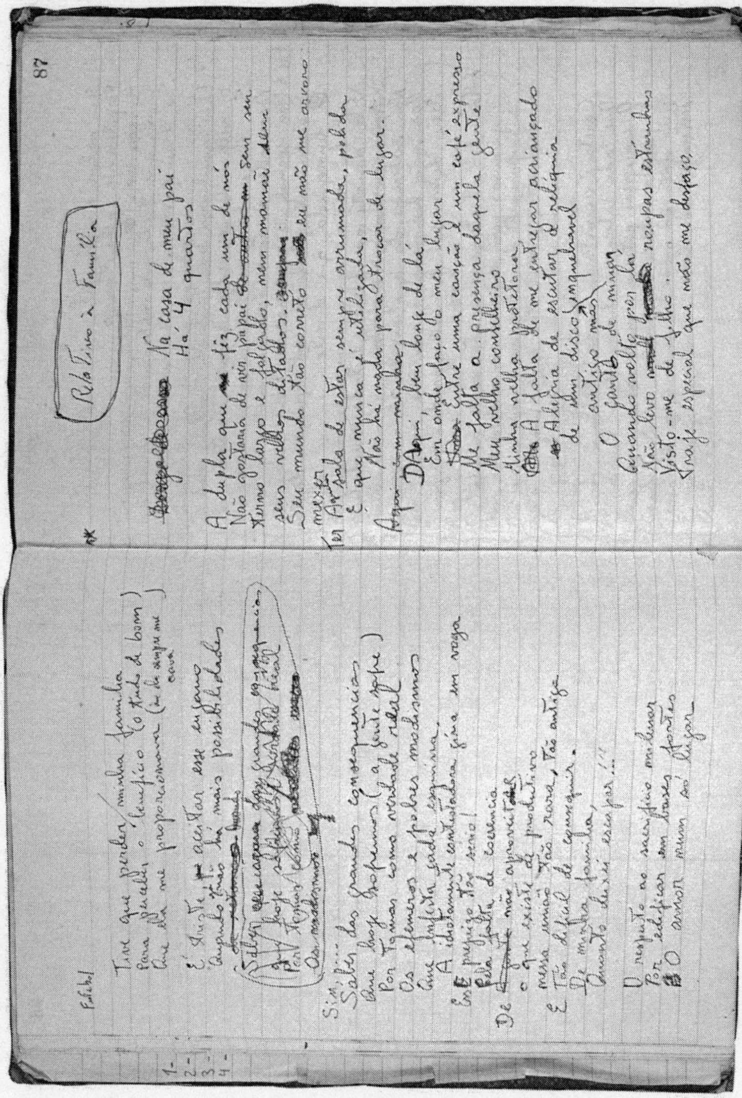

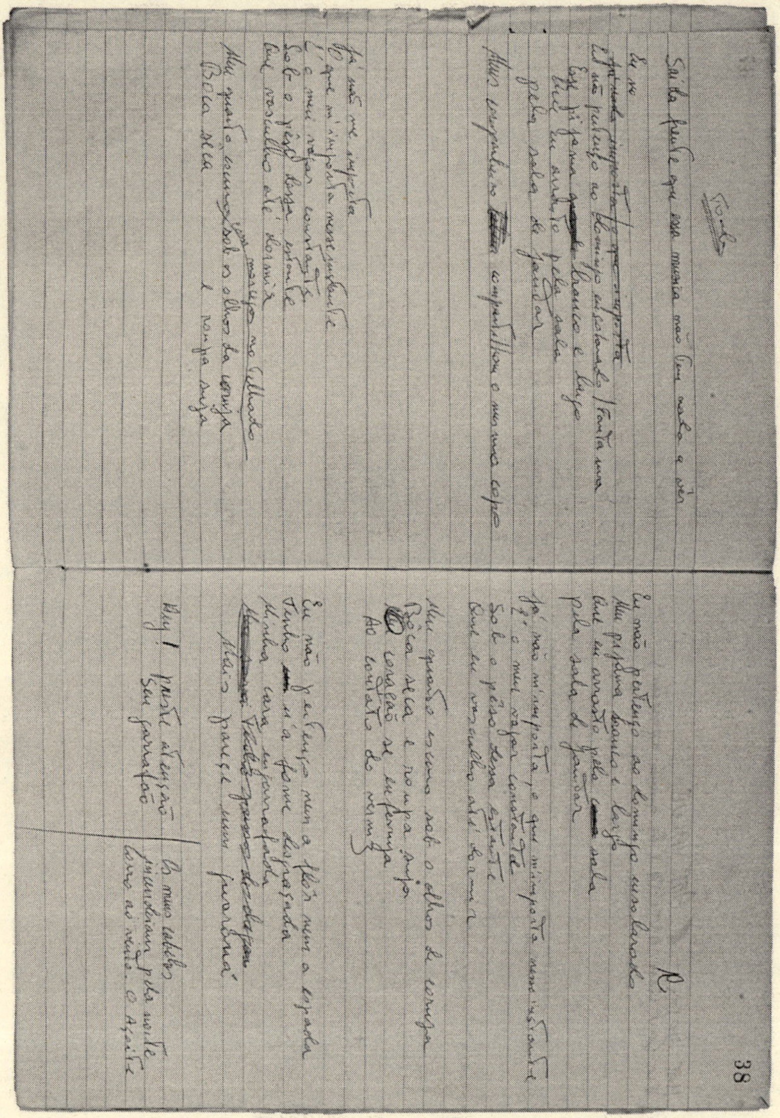

Sai da frente que essa musica não tem nada a vêr

Eu não pertenço ao domingo ensolarado / Tanta ...
Esse pijama branco e largo
Que eu arrasto pela sala
pela sala de jantar

Meus companheiros compartilham o mesmo copo

Já não me importa
O que m'importa nesse instante
É o meu vagar constante
Sob o pêso dessa estante
Que vasculho até dormir
com morcegos no telhado
Meu quarto escuro sob os olhos da coruja
Boca seca e roupa suja

38

R

Eu não pertenço ao domingo ensolarado
Meu pijama branco e largo
Que eu arrasto pela sala
pela sala de jantar

Já não m'importa, o que m'importa nesse instante
É o meu vagar constante
Sob o pêso dessa estante
Que eu vasculho até dormir

Meu quarto escuro sob o olhos de coruja
Bôca seca e roupa suja
O coração se enferruja
Ao contato do verniz

Eu não pertenço nem a flôr nem a espada
Tenho a fome desgraçada
Minha cara engarrafada
Mais parece um guaraná

Hey! preste atenção
Seu garrafão

Os meus cabelos
incendeiam pela noite
Corro ao vento. O Açoite

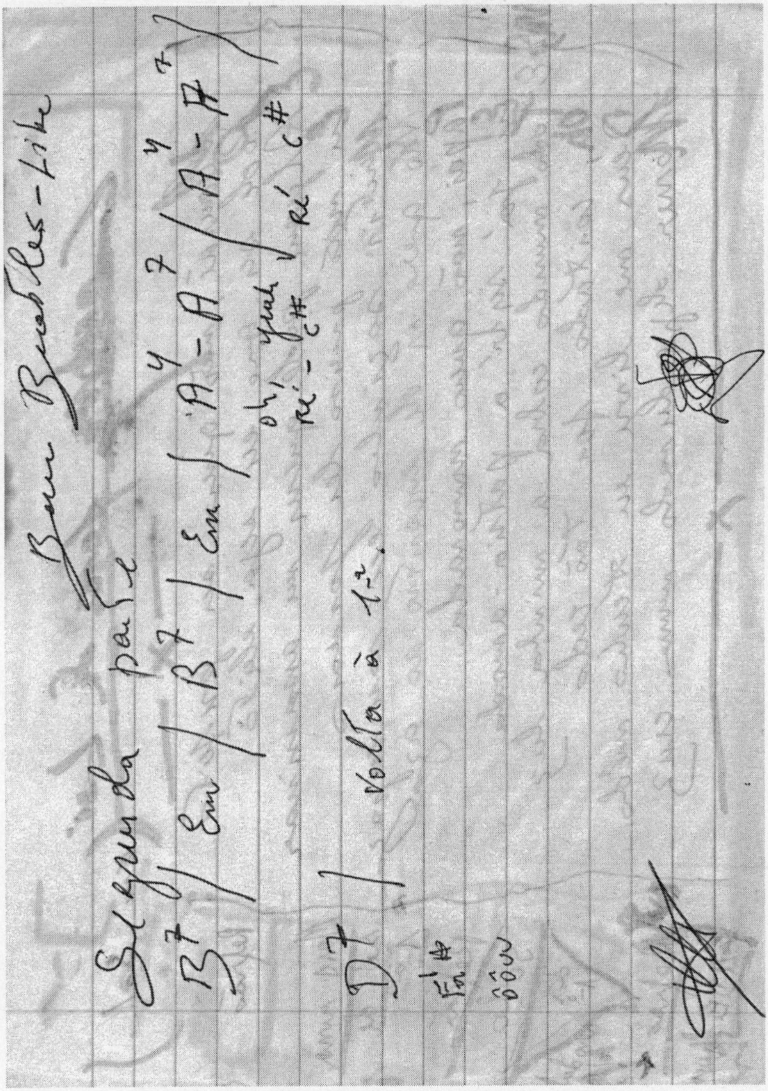
Segunda parte
Bem Beatles-Like
B7 / Em / B7 / Em / A4 - A7 / A4 - A7 /
oh! yeah
ré - c# ré - c#
D7 / Volta à 1ª.

Sociedade Alternativa

Carta a Tio Zeca

Tio Zeca, o rio tá ótimo. Hoje ouvi
falar um negócio novo, Novo Aeon e
que vou lhe contar
~~Amigo~~, pense bem nisso
O único objetivo de sua vida é
lutar para ser feliz — ~~A~~ ser feliz.
Pois felicidade é o que todos querem.
~~[illegible]~~ Existem 1000 caminhos que
lhe levam a ~~[illegible]~~ ser sempre feliz
Mas você é infeliz
Você escolheu o caminho errado
que essa nossa civilização loucamente
criou.
Felicidade como lhe vendem na TV
~~[illegible]~~ só faz você sofrer
Aprenda a ser feliz descobrindo
por si, de que a vida que você leva
não vai nunca lhe levar a ser feliz.
Pois felicidade não é escravidão.
Ser feliz é ser livre.
O passarinho solto é feliz
Um ermitão é feliz
Mas você, que trabalha dentro de
4 paredes, com ou sem ar condicio-
nado pensa somente na pequena e fútil

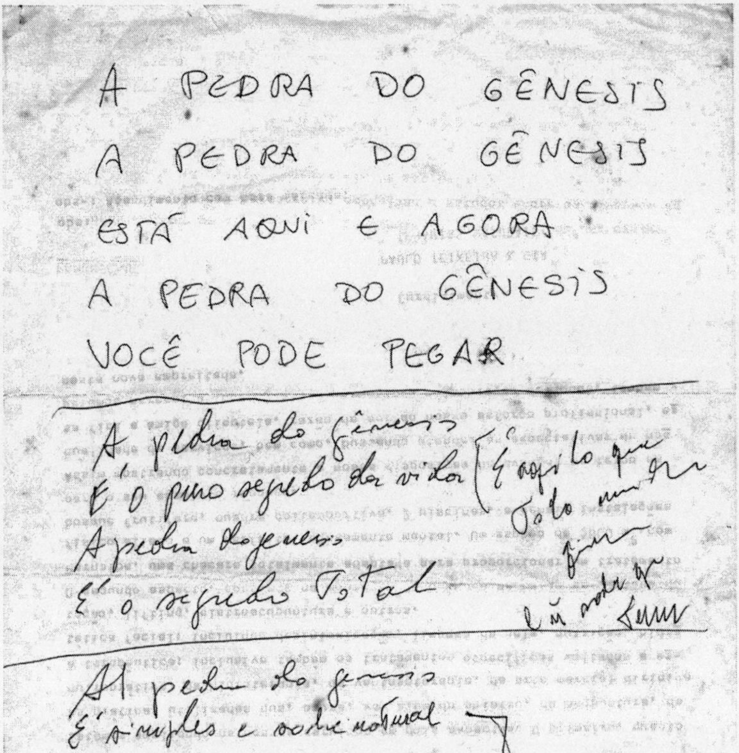

A PEDRA DO GÊNESIS
A PEDRA DO GÊNESIS
ESTÁ AQUI E AGORA
A PEDRA DO GÊNESIS
VOCÊ PODE PEGAR

A pedra do gênesis
É o puro segredo da vida
É aquilo que todo mundo
A pedra do gênesis
É o segredo total

A pedra do gênesis
É simples e sobrenatural
A pedra do gênesis
É o segredo total

A manteiga no pão
É uma folha que cai
Pode estar na TV
Fez meu avô e a lua

Que será, que será
está dentro de mim

LEIA:

"Como sêr feliz"

2

I

1ª Não existe nada nem ninguem que
Veja as coisas como você vê
Você sofre vendo um mendigo
Sujo e bêbado ou dormindo no chão

Você não sabe que ninguem é igual
O que ele sente você não tem noção

Você projetou seu conceito proprio de
sofrer ~~[illegible]~~
naquele individuo do CHÃO... mas

Ser feliz (É ser o que você pode sêr.)
" (É saber que não há Bem nem Mal)
" (É deixar Jesus sofrer)
" (É saber que ninguem é igual)

Quem pode te dizer o que é bom ou Mal?
Se um prefere o açucar o outro prefere o sal
igual....... ? [Falta outra 1ª]

Se 37 cabe bem no pé do patrão
Que mais sacar que não tem nem um pé igual

No entanto... Todo mundo calça 37
que faz calos e frieiras que os faz infelizes
.... mas —

Ser feliz (Não é ser o Melhor nem o Pior.
" (Basta ser o Unico que cê é
(Nesta mão bancos de jornais
(Faz o que cê quer e nada +

Você Trabalha duro prá ser feliz,
No fim não era (nada do que você sempre quiz
Adeus
Mas.. Você quiz!! —

3

PEIXUXA, o amigo dos Peixes

Tem gente estranha Trabalhando nos FUNDOS

Entra pelas portas do fundo
Do oceano Atlântico, um cara
De baleia, Terno e gravata
Seu nome é PEIXUXA
É amigo dos peixes
É gente e respira debaixo do Mar

Mar, mar, mar...

Mas, sempre com um charuto na bôca
Vai andando debaixo d'agua
Vai até o Mediterraneo
Pois tem um encontro
Com hora marcada,
Com a Lua CHEia prá um lindo jantar

Tem gente estranha por debaixo
Tal qual peixuxi baixo do mundo.
gordo e salgado....
Tem gente estranha Trabalhando nos fundos
Que não é peixe
Mas que não morre afogado....

Ele é cordial com os peixes
Dá bom dia quando é dia
Bôa noite quando é de noite
E se não é dia
E se não é noite
Peixaxi amavelmente dá Marisia